倫敦

這是什麼呢？

（答案見P2）

Lala Citta是義大利文的「城市＝La Citta」，
和享受輕快旅行印象綜合而成的用語。
書中匯集了與皇室有關的景點和個性十足的博物館、
英倫流行服飾的本店、英式下午茶等…
不可錯過的旅遊時尚新主題
當你在想「今天要做什麼呢」時
就翻翻這本書吧。
歡樂旅遊的各種創意都在書中。

Lala Citta
倫敦
Contents

P1的照片玄機→用來裝飾杯子蛋糕之類的牙籤（Harrods→P60）

〔本書標示〕

R 有餐廳
P 有泳池
F 有健身房

交 交通
U 地鐵站
住 地址
H 飯店
☎ 電話號碼
時 開館時間‧營業時間
休 公休
料 費用
URL 官網網址

〔其他注意事項〕

○本書所刊載的內容及資訊，是基於2014年6～7月時的取材、調查編輯而成。書籍發行後，在費用、營業時間、公休日、菜單等營業內容上可能有所變動，或是因臨時歇業而有無法利用的狀況。此外，包含各種資訊在內的刊載內容，雖然已經極力追求資訊的正確性，但仍建議在出發前以電話等方式做確認、預約。此外，因本書刊載內容而造成的損害賠償責任等，弊公司無法提供保證，請在確認此點之後再行購買。
○地名、建築物名在標示上參考政府觀光局等單位提供的資訊，並盡可能貼近當地語言的發音。
○休息時間基本上僅標示公休，省略復活節、聖誕節、新年期間、夏季歇業、國定紀念日等節日。
○費用的標示基本上為成人的費用。

〔本書使用方法〕

▶類型檢索

區分為「觀光焦點」「購物」「美食」「追加行程」「城市導覽」「住宿」「一日遊行程」等7大類型。決定好旅遊目的的話，即可從中選擇符合自己的主題。

區域檢索

當有符合頁面內區域的店家和景點時，區域名便會出現標示。當你想到「我現在人在○○，這一帶有什麼？」的時候，就可以由這裡反向檢索過去。

小小資訊和小小知識

介紹和該頁面的主題和景點有關的有用資訊以及旅遊的知識。

知道賺到

旅行

由倫敦的玩家們傾囊相授的獨門資訊，在逛街和觀光的時候很有幫助。事先了解，會讓倫敦之行更加舒適&便利，不妨先牢牢地記在腦子裡再出發吧！

Happy Advice

Advice 1

"在移動前需Check！路線查詢網站"

倫敦交通局的網站即使不是觀光客也很好用。在「PLAN A JOURNEY」輸入出發地和目的地，就會顯示包含移動方式在內最有效率的走法；只要再輸入預定出發或抵達的日期、時間就更完美了。也可以查詢巴士的路線和各停靠站的名稱，因此若事先確認下車的巴士站名會更放心。也可以利用巴士內的電子跑馬燈確認下一站喔。（漫畫家／玖保キリコ）

可以上倫敦交通局的網站查詢
jwww.londontransport.co.uk

倫敦最有名的地圖「London A to Z」遊逛城市也很方便

Advice 2

"觀光客也能使用的租賃自行車"

市內到處都看得到，藍色招牌很顯眼

巴克萊自行車出租計畫（→P131）是由倫敦交通局營運的公共自行車租借系統。開始使用的當天可以在設置於自行車租借站的機器上申辦，可選擇24小時或7天的租借時間。只要登錄過1次，就可以在所有站點借車。只要30分鐘內在目的地附近的租借站還車，就可以在24小時內花£2任意騎乘，在觀光時可善加利用。（整合規劃師／長南ミサ）

請遵守倫敦的交通規則，安全駕駛

Advice 3

"從傳統菜色到美食 英國美食酒館的美味利用法"

在傳統的酒館大多只能吃到簡單樸實的餐點，但是在英國的美食酒館（→P72）裡則可以享用到品質好又道地的菜色。最近也出現了米其林星級的酒館。僅限於週日中午供應的星期天烤肉餐也請務必一試。雖然只是在烤好的肉片上放上約克郡布丁等餐點的菜餚，但卻是在一般餐廳不太有機會吃到的英國傳統美食。（作家／ルドゥクィスト祥子）

1.有些店也提供午餐或早午餐的菜單
2.週日限定菜色的「星期天烤肉餐」

Advice 4

"用「倫敦一卡通」 划算地觀光"

在英國政府觀光局的官方網路商店事先購買 URL www.visit britainshop.com/

為了有效率又划算地暢遊各大觀光景點，事先購買可以進入超過60處設施的「倫敦一卡通」，會很方便，熱門景點也不需排隊購買當日券。有1～6日券（£49～108）等多種，不妨配合旅遊類型挑選。（作家／江國まゆ）

Advice 5

"一年有兩次折扣季！ 請鎖定12～1月和6～7月"

想要在倫敦享受便宜購物的樂趣，建議在6月下旬～7月下旬和聖誕節前～1月下旬時前往。折扣季剛開始時折扣幅度約在30%上下，等到後期折扣可以到達50～70%，非常划算。（整合規劃師／平川さやか）

折扣季愈到後期折扣也愈多

Advice 6
"有效率地運用時間 來趟博物館藝術之旅"

大部分的博物館週五晚上都會開到比較晚，大英博物館（→P24）開到20時30分、倫敦國家美術館（→P31）開到21時、維多利亞與亞伯特博物館（→P28）與泰特現代美術館（→P30）開到22時等。安排在週五前往參觀可以讓行程更有效率喔。（編輯部）

倫敦主要的美術館、博物館大多都是免費（捐獻制）的設施

Advice 7
"對付陰晴不定天氣的 必備小道具"

倫敦一年四季都處於天氣瞬息萬變的狀態。輕便小巧的折傘以及可以折得小小的雨衣最適合用來對付突如其來的陣雨，在稍微有點寒意的時候也很方便。在倫敦可以買到很可愛的雨具（→P66），所以也很推薦了到當地再買。（插畫家／もりしたかずこ）

倫敦較少發生集中型的強降雨，但最好還是隨身攜帶雨具

出發前 check!

倫敦Profile

倫敦

○正式國名　名稱／首都
大不列顛暨北愛爾蘭聯合王國／倫敦

○人口／面積
約842萬人（2013年）
約1579平方公里
※皆為大倫敦地區資訊（西堤區及32個特別區）

○語言
英語

○貨幣與匯率
£1＝約48.74元
（2015年6月時）
貨幣的種類→P132

○時差
-8小時
※比台灣晚8個小時。3月最後週日～10月最後週日為夏令時間，夏令時間與台灣的時差為－7小時

○小費
基本上需付小費。
計程車的小費約車資的10%左右、每件行李基本上要給飯店的門房£1左右。除此之外，咖啡廳是結帳金額的5～10%、餐廳是10～15%左右，但是如果已經內含服務費的話就不用再付。

○最佳旅遊季節
初夏（5月）～秋（10月）
氣溫和降雨量→P133
節日→P133

○入境規定
停留不逾6個月的觀光，得享有免簽證待遇
護照和簽證的細節→P124

倫敦 區域Navi

主要的觀光景點集中在泰晤士河北側和西側。北側有倫敦最熱鬧的蘇活區及大英博物館，西側則有相當多的皇室相關景點。請掌握住各地區的特徵，充分享受城市漫遊的樂趣。

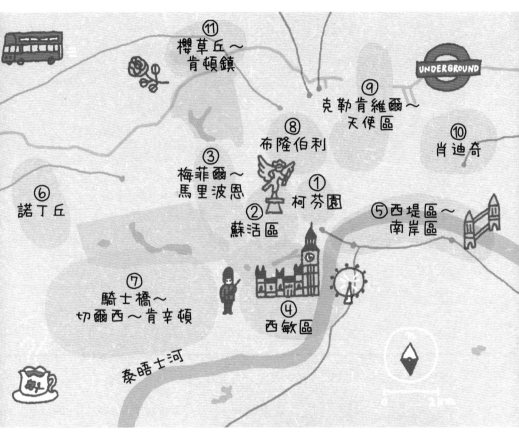

⑪ 櫻草丘〜
肯頓鎮

UNDERGROUND

⑨ 克勒肯維爾〜
天使區

⑧ 布隆伯利

⑩ 肖迪奇

③ 梅菲爾〜
馬里波恩

① 柯芬園

⑥ 諾丁丘

② 蘇活區

⑤ 西堤區〜
南岸區

⑦ 騎士橋〜
切爾西〜肯辛頓

④ 西敏區

泰晤士河

---

① **柯芬園**→P98
Covent Garden／別冊MAP●P24

在這裡逛街購物

露天市集及二手衣店、以倫敦為根據地的品牌等，林立著各式各樣的商店，觀光客及倫敦當地人潮絡繹不絕。同時也是電影『窈窕淑女』的舞台。

最近車站 交Ⓤ COVENT GARDEN站

2 蘇活區 →P100
SOHO / 別冊MAP●P23、24

倫敦最熱鬧的街區
皮卡迪里圓環～牛津圓環周邊是蘇活區的心臟地帶。除了商店及餐廳以外，也有很多劇場及俱樂部、酒吧等夜間景點。
最近車站
交Ⓤ PICCADILLY CIRCUS站、LEICESTER SQUARE站、OXFORD CIRCUS站、TOTTENHAM COURT ROAD站

3 梅菲爾～馬里波恩 →P102
Mayfair～Marylebone / 別冊MAP●P20-21、22

倫敦首屈一指的購物天堂
梅菲爾東臨攝政街、西接海德公園。龐德街為高級精品街，馬里波恩在其北側。
最近車站
交Ⓤ BOND STREER站、GREEN PARK站

4 西敏區 →P18-19、20、32
Westminster / 別冊MAP●P7、12

自古以來的政治核心
除了國會大廈&大笨鐘以外還分布著英國代表性的歷史建築。白金漢宮的衛兵交接儀式很值得一看。
最近車站
交Ⓤ WESTMINSTER站、GREEN PARK站

5 西堤區～南岸區 →P108
City～Southbank / 別冊MAP●P8-9

因金融和商業而崛起
西堤區是世界性的金融中心，至今仍是特別行政區。泰晤士河南側的南岸區則以可以看到對岸的餐廳大受歡迎。
最近車站
交Ⓤ ST.PAUL'S站、WATERLOO站

6 諾丁丘 →P106
Notting Hill / 別冊MAP●P4

瀰漫著上流社會的氣氛
曾為電影『新娘百分百』舞台的高級住宅區。以骨董為主的波特貝羅市集很有名。
最近車站
交Ⓤ NOTTING HILL GATE站

7 騎士橋～切爾西～肯辛頓 →P104
Knightsbridge～Chelsea～Kensington / 別冊MAP●P10-11

百貨公司及博物館林立
百貨公司在騎士橋、大規模的博物館在肯辛頓、切爾西則發展成高級住宅區。
最近車站
交Ⓤ KNIGHTSBRIDGE站、SLOANE SQUARE站、SOUTH KENSINGTON站、LANCASTER GATE站

8 布隆伯利 →P24-27
Bloomsbury／別冊MAP●P7

學術、文化機構聚集

大英博物館及倫敦大學等學術設施多半都集中在這裡。每天都有來自世界各地的觀光客造訪這座全世界規模最大的博物館。

最近車站
Ⓤ TOTTENHAM COURT ROAD站

9 克勒肯維爾～天使區 →P112
Clerkenwell～Angel／別冊MAP●P16

設計愛好者切勿錯過

克勒肯維爾不僅是許多設計師的活躍舞台，同時也是美食的據點。天使市集則是內行人才知道的骨董市集。

最近車站
Ⓤ FARRINGDON站、OLD STREET站、ANGEL站

10 肖迪奇 →P110
Shoreditch／別冊MAP●P17、25

新興的流行發源地

也稱為東區，是倫敦東部的老街區。近年來聚集了許多年輕的創作者，提出新的潮流主張。

最近車站
Ⓤ SHOREDITCH HIGH STREET站

11 櫻草丘～肯頓鎮 →P113
Primrose Hill～Camden Town／別冊MAP●P14-15

從山丘上一覽倫敦市區

櫻草丘海拔僅78公尺，從低矮的山丘上可以將市內盡收於眼底，是倫敦首屈一指的高級住宅區。肯頓鎮則是以週末的市集聞名。

最近車站
Ⓤ CHALK FARM站、CAMDEN TOWN站

郊外景點

● 科茲窩 →P118
Cotswolds

一望無際的閑靜丘陵

海拔300公尺以上的丘陵地帶。地名是「有著牧羊小屋的山丘」的意思。區域內分布著10個以上的村落。

\ and more⋯行程編排 /

7天5夜的標準行程

想要充分享受倫敦之旅
最少也要7天5夜才能盡興。
以下介紹可以充分享受
『第一次』倫敦行的標準行程。
也可以參考and more⋯行程備案。

Day1　欣賞泰晤士河的夜景

✈台灣出發的
班機

桃園機場起飛的班
機，以中轉其他機
場、航程約17～18小
時的班機為主流。由
希斯洛機場到達倫敦
市區最快的交通工具
是希斯洛機場快線。
票價偏高，但能有效
率地運用抵達當天的
時間。

【and more⋯
行程備案】
倫敦的連鎖藥妝店和
台灣一樣，應有盡
有。尤其是規模最大
的「Boots」
(→P63)營業到深
夜24時。不妨在第一
天晚上前往，事先買
好水等旅途中需要的
東西。

※1
週日的營業時間到17時或18
時，打烊時間較早，需留意
※2
夏天到19時天色還很亮，想欣
賞夜景的話可以先用晚餐

● 15:00
希斯洛機場

🚇 搭希斯洛機場快線及地鐵約
20分

16:00
入住柯芬園周邊的飯店

🚇 ⓊOXFORD CIRCUS站步行1分

17:00
在牛津街觀察
當季最流行的快速時尚 ※1

🚇 ⓊOXFORD CIRCUS站到
ⓊWATERLOO站6分

19:00
在倫敦眼欣賞夜景 ※2

🚇 ⓊWATERLOO站到
ⓊLONDON BRIDGE站3分

20:00
在泰晤士河附近的
老字號酒館用晚餐
特別推薦▶George Inn (→P72)

🎵 步行3分

22:00
邊欣賞河畔的夜景
邊走回飯店

1.林立著快速時尚店的牛津街　2.倫敦眼的燈光
襯托著夜色，美不勝收　3.在利用馬車驛站改建
而成的老字號酒館「George Inn」裡品嚐傳統的
英國美食

Nice View

景色真美！

Day2 走訪經典的觀光景點

Sightseeing

倫敦式早餐

以義大利的高級食材入菜的「Machiavelli」的早餐

想要佔個視野最佳的位置，於10時30分左右就要開始準備

整齊劃一地前進！

淺嘗以夏洛克・福爾摩斯為名的艾爾啤酒

泰晤士河的象徵

【and more… 行程備案】
也可以搭船徜徉在泰晤士河上，欣賞河邊的風景（→P32小小資訊）。觀光名勝都集中在西敏橋～倫敦塔橋一帶。

● 8:00
享用優雅的英式早餐
特別推薦 ▶
Machiavelli（→P78）

Ⓤ COVENT GARDEN站到 Ⓤ WESTMINSTER站10分

10:00
在聖詹姆斯公園散步

步行1分

● 11:30
在白金漢宮參觀衛兵交接的儀式
（→P18）

步行15分

● 12:45
在也可以觀光的酒館吃午餐
特別推薦 ▶
The Sherlock Holmes Pub
（→P95）

步行10分

14:00
前往『世界遺產』
西敏寺（→P20）

參觀30分

14:30
迅速地繞上一圈
千禧之哩周邊的名勝景點
・大笨鐘（→P32）
・聖保羅大教堂（→P21、34）
・倫敦塔橋（→P34）
・倫敦塔（→P34）

Ⓤ TOWER HILL站到 Ⓤ COVENT GARDEN站23分

18:00
看戲前先填飽肚子
特別推薦 ▶
Porters English Restaurant（→P71）

步行即到

19:30
在西區欣賞音樂劇（→P88）

聖詹姆斯公園距離白金漢宮很近，請早一點過去，佔個好位子欣賞衛兵交接

1. 白金漢宮前的衛兵交接儀式是倫敦觀光的集點之一
2. 莊嚴的聖保羅大教堂曾是黛安娜王妃舉行婚禮的地方
3. 大笨鐘過去曾經是國王的城堡，如今已成為國會大廈

3

觀賞號稱走在世界最前端的倫敦音樂劇「瑪蒂達」
（→P88）

話題十足的喜劇

Day 3 享受藝術的一天

也別忘了周邊商品！

以展示品為設計主題的大英博物館周邊商品種類繁多，最適合當作伴手禮

10:00
配合開館時間前往
大英博物館（→P24）

參觀2小時

Museum Hopping

12:00
在大英博物館內的
咖啡廳吃午餐（→P27）

🚇 ⓊTOTTENHAM COURT ROAD站到
ⓊSOUTH KENSINGTON站15分

穿越時空到古代！

1.每年約600萬人造訪的大英博物館
2.光是常設展就展示著大約15萬件的作品

[and more…
行程備案]
維多利亞與亞伯博物館內裡的The V&A Café。這裡的用餐區是由威廉·莫里斯等藝術家著手設計裝潢。建議參觀途中可前來小憩片刻。

● **13:00**
維多利亞與
亞伯特博物館
（→P28）

 步行1分

15:00
自然史博物館
（→P30）

🚇 ⓊSOUTH KENSINGTON站到
ⓊHYDE PARK CORNER站4分

Photography by James McKnight © V&A London

1.維多利亞與亞伯特博物館的收藏品約有300萬件之多。館內的咖啡廳本身也是珍貴的藝術作品 2.與知名品牌與合作的茶館「The Caramel Room」的英式下午茶 3.美食酒館多半是很時髦的店，可以自在進入店內

「Harrods」獨家的年度熊

每年都會推出新作品！

16:30
享用道地的英式下午茶
渡過優雅的片刻時光
特別推薦 ▶ The Caramel Room（→P37）

🚇 ⓊHYDE PARK CORNER站到
ⓊKNIGHTSBRIDGE站2分

● **18:00**
在貴族百貨公司
大採購
特別推薦 ▶ Harrods（→P60）※週日18時打烊

現代化的風格！

🚇 ⓊKNIGHTSBRIDGE站到
ⓊSLOANE SQUARE站9分

「The Cadogan Arms」
的烤雞

● **20:30**
在蔚為話題的美食酒館
享用遲來的晚餐
特別推薦 ▶ The Cadogan Arms（→P73）

Day 4　在掀起話題的
地區逛街

● 8:00
在熱門的熟食店
購買早餐
特別推薦▶Aubaine（→P81）

ⓊSOUTH KENSINGTON站到
ⓊHYDE PARK CORNER站4分

「Aubaine」剛出爐的麵
包也可以外帶

【and more…
行程備案】
在非週日時到訪，可
以前往諾丁丘的波特
貝羅市集（→P58）。
這裡是倫敦規模最大
的骨董市集，聚集許
多攤販。

9:00
前往都會的綠洲
海德公園（→P86）

ⓊMARBLE ARCH站到
ⓊNOTTING HILL GATE站6分

Shopping

10:00
前往諾丁丘
（→P106）

步行1分

悠閒自在

1.不妨買好早餐到海德公園享用吧　2.可
能會看到松鼠喔　3.諾丁丘的「Books for
Cooks」（→P107）為烹飪書專賣店，可以
品嘗到數量有限的食譜試作菜

● 12:00
在諾丁丘的
時尚餐廳or咖啡廳享用午餐
特別推薦▶& Clarke's（→P80）

ⓊNOTTING HILL GATE站到
ⓊBAKER STREET站14分

「& Clarke's」的苦甜松
露巧克力

13:30
在馬里波恩高街
買東西（→P54）

ⓊBAKER STREET站到
ⓊLIVERPOOL STREET站14分

好酷

簡約有型!

肖迪奇的「Ryantown」
（→P57）裡陳列著知名
剪紙畫作家的作品

15:30
前往熱門地區・肖迪奇
（→P56、110）

ⓊLIVERPOOL STREET站到
ⓊFARRINGDON站5分

18:30
明星主廚的頂級晚餐
特別推薦▶
The Modern Pantry（→P68）

ⓊFARRINGDON站到
ⓊOXFORD CIRCUS站15分

4.位於馬里波恩高街的
「Rococo Chocolates」
（→P55）　5.肖迪奇的
「Jasper Morrison Shop」
（→P56）裡有很多廚房用
品　6.由Anna Hansen擔
任主廚的「The Modern
Pantry」的其中一道菜

Marks & Spencer
（→P84）的排毒茶£1.30
※3
週日的營業時間到18時左右，
打烊時間較早，需留意

● 20:30
在飯店附近的超級市場
購買分送用的伴手禮 ※3

Day 5 前往科茲窩一日遊

[and more…
行程備案]

如果想要有效率地周
遊科茲窩的村莊，建
議參加旅行團。也有
依出發日期不提供午
餐的優惠方案，詳情
請參照P119。

8:00
從倫敦出發
（參加旅行團）
車程2小時30分

10:30
抵達拜伯里
車程45分

12:00
在泰特伯里午餐
車程50分

14:00
參觀水上柏頓
車程15分

15:15
參觀高地史杜
車程2小時

18:00
抵達倫敦

1．拜伯里（→P120）的阿靈頓排屋已列入國家信託
2．在泰特伯里（→P120）與王儲有關的店
「Highgrove」裡購物　3．人稱小威尼斯的水上柏頓
（→P121）

1 Day Trip

歷史悠久的村子裡集
結了超過30家骨董店
（→P121）

伴手禮

獨家泰迪熊£195
©www.highgroveshop.com

60年代的
土司架£55

Day 6 最後一天在飯店周圍走走逛逛

讓「Milkbar」的極品咖啡
喚醒一天的活力

● 9:00
在人氣店
享用咖啡和早餐
特別推薦 ▶ Milkbar（→P99）

 步行10分

10:00
前往飯店附近的
百貨公司
特別推薦 ▶ Liberty（→P61）

 步行10分

11:30
回飯店
收拾行李&退房

步行15分

「Food for Thought」的
素食餐點

● 12:00
倫敦的最後一頓午餐
是天然飲食
特別推薦 ▶
Food for Thought（→P74）

 步行15分

13:15
在特拉法加廣場與銅獅像面對面、
與愛神像拍照留念（→P100）

 搭計程車10分

14:00
購買夢寐以求的英國名牌
特別推薦 ▶ Mackintosh（→P46）

 搭地鐵與希斯洛機場快線
約20分

● 17:00
抵達希斯洛機場辦理登機手續

✈ 利用機場的
重點

提供星空聯盟的班機
起降的第2航廈在
2014年6月重新開幕，
商店和美食都很充實
不少。也有3星主廚
Heston Blumenthal
（→P68）的咖啡廳
「The Perfectionist'
Café」。

找找看有沒有
喜歡的商品！

1. Selfridges（→P30）裡寬敞的鞋子賣場
2. 切勿錯過都鐸式建築「Liberty」
3. 觀光客熙來攘往的皮卡迪里圓環
（→P100）
4. 最後在「Mackintosh」購買夢寐以求的
名牌風衣

Covent
Garden

真漂亮！

在旅途中發現的寶貝

編輯部也去體驗出現
在標準行程中的場所！

旅行的模擬到這邊告一
段落。請參考行程備案，
規劃自己專屬的行程
吧！Have a nice trip！

快門按不停！

Cosplay?!

The London的風景
駛過大笨鐘旁邊的雙層巴士，這正
是象徵倫敦的最佳畫面。
適合入鏡的街景：紅色的地鐵標
誌、懷舊的紅色電話亭。

好好吃～

「Harrods」超市起司
櫃（→P60）。

超時尚的下午茶時光
「The Caramel Room」
（→P37）的英式下午茶充
滿時尚感。

不知要買
哪一幅～
(>_<)

街頭藝人

柯芬園見到許許多
多奇特表演的街頭
藝人（→P98）。

滿坑滿谷可愛的剪紙畫作品
「Ryantown」（→P57）裡可以買
到知名剪紙畫藝術家的作品，常常一
不小心就買太多了。

觀光焦點

白金漢宮、大英博物館、

英式下午茶、骨董…等等，

第一次前往不想錯過、去過好幾次也還想再去，

以下便為大家精選這些令人心動的主題。

前往英國的象徵
白金漢宮

穿著紅色制服的衛兵的閱兵遊行與交接儀式是倫敦觀光的焦點。
不妨也把做為舞台的白金漢宮和皇室相關的周邊景點一同列入遊逛清單裡。

與皇室的關聯性

· 1761年由喬治3世買下
· 歷代英國國王的寢宮和辦公處

樂隊會演奏電影配樂及流行音樂等

西敏區　別冊 MAP P12A1

白金漢宮
Buckingham Palace

女王陛下的住所是熱門的觀光景點

喬治3世在1761年買下白金漢公爵的宅邸，之後經過大規模的整修，自維多利亞女王時代開始成為國王的住處。當王旗飄揚在正前方露台的旗桿上時，就表示女王在家。平常不能進到宮殿裡面，但是有部分只在夏天的一定期間對外開放。宮殿前規劃成廣場，廣場上矗立著一座金碧輝煌的巨大紀念碑「維多利亞女王紀念碑」，衛兵交接的傳統儀式也是在這裡舉行的。

```
DATA
交 ⓊGREEN PARK站步行8分　住Buckingham Palace Rd.,SW1A 1AA
☎020-7766-7300　時僅外觀自由參觀，衛兵交接儀式為11時30分～12時
10分左右（8～3月為隔天、雨天暫停）　休無休　料免費
```

宮殿內的可看之處

Ⓐ 國事廳

女王及皇室成員會晤外國元首及迎接前來參加儀式、慶典的賓客時所使用的房間。配合在每年夏天實施的白金漢宮對外開放日，19間國事廳也會對外開放。

DATA ☎020-7766-7300　時開放期間中9時30分～18時30分（偶有變動）休開放期間中無休　料£19.75

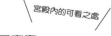

Ⓑ 女王藝廊

英國皇室的藝廊，展出繪畫及家具等舉世聞名的收藏品。也展示著達文西等人的珍貴作品。展示品的更換大約以1年為周期。

DATA 交ⓊGREEN PARK站步行8分
☎020-7766-7300　時10時～17時30分（16時30分截止入場）休無休　料£9.75

Ⓒ 皇家馬廄

保管著使用於加冕儀式及正式活動中的公用車（馬車及汽車）。可以參觀豪華的盛裝馬車等。

DATA 交ⓊVICTORIA站步行5分
☎020-7766-7300　時2014年為10～17時（11～3月為～16時）休10月21·22日、12月1～31日及正式出訪期間
料£8.75

小小資訊　參觀衛兵交接儀式的最佳位置在宮殿正前方的圍籬前。靠近大門口，可以近距離看到行進的衛兵。也因此非常搶手，佔位置的競爭十分激烈，至少要在1小時前抵達為宜。

欣賞衛兵交接儀式的POINT

從威靈頓軍營出發的新衛兵會花5分鐘左右前進，在宮殿的前庭進行約40分鐘的交接儀式。建議在維多利亞女王紀念碑附近觀賞。

DATA ☎020-7766-7300 時11時30分～12時10分左右(4～7月為每天，8～3月為隔天※偶有臨時休息，雨天暫停)

步兵隊
連隊不同，制服和帽子也有差異。左邊是夏季，右邊則是冬季制服

樂隊
由鼓笛樂隊和管樂隊引領遊行隊伍。演奏「桂河進行曲」等樂曲

騎兵隊
裝飾著白色帽纓的是近衛騎兵團，紅色則是藍軍皇家騎兵團

D 維多利亞女王紀念碑

1837年即位的維多利亞女王的紀念碑。矗立在宮殿的正前方，在衛兵交接儀式中可以同時看到遊行隊伍與交接儀式。

E 林蔭大道

從宮殿的正前方延伸出來的主要街道。遊行隊伍會在這條街道行進。除了交接儀式外，皇室有活動的時都會進行交通管制。

F 海軍拱門

位於林蔭大道東端的巨大拱門，是1911年時為了歌頌維多利亞女王而建造。中央的入口為女王專用，一般遊客只能走通用門。

白金漢宮區域圖MAP

G 衛兵博物館

位於威靈頓軍營內，利用照片、繪畫、模型等，介紹衛兵的歷史。

DATA ☎020-7414-3428 時10～16時(15時30分截止入館) 休12月中旬～1月 料£5

H 首相官邸

自1732年起用來做為歷任首相的官邸。正式名稱為由首相兼任的首席財政大臣的官邸。裡頭有首相一家人的起居空間及辦公室等，一般不對外開放，只能從外面參觀。

I 禁衛騎兵團部

騎兵隊本部的大本營，巴洛克式建築的外觀相當莊嚴。11～16時(週日10時～)每隔1個小時就可以看見騎兵交接的樣子。

DATA 交UWESTMINSTER站步行5分 時僅外觀自由參觀

到與英國皇室關係密切的必去景點散步

英國皇室與英國的傳統、歷史息息相關，身為較公開的皇室也是吸引世人目光的焦點。
不妨走訪位在倫敦各處，與皇室有關的景點，沉浸在高貴的氣氛裡。

1.西側正面可以看到兩座塔　2.從北側可以清楚地看見哥德式建築風格　3.每一個角落都裝飾得美輪美奐

西敏區 | 別冊MAP P12B1

西敏寺
Westminster Abbey

舉行皇室婚禮所在的壯麗教堂

現存的建築大部分是在13世紀時亨利3世下令建造的。自1066年的征服者威廉以來，歷任國王的加冕儀式皆在西敏寺舉行，伊莉莎白一世的墓地也在這裡。歌德式的莊嚴建築內部有許多值得一看的地方，如莎士比亞的紀念碑及伊莉莎白女王在加冕儀式上坐過的椅子等。也附設有博物館。

DATA　交Ⓤ WESTMINSTER站步行2分
住20 Dean's Yard., SW1P 3PA　☎020-7222-5152
時9時30分～15時30分（週三～18時、週六～13時30分），博物館10時30分～16時　休週日
料£18(可免費租借中文語音導覽)

與皇室的關聯性
・舉行婚喪喜慶的儀式

寺院內的欣賞重點

● **亨利7世的禮拜堂**

由亨利7世下令建造，供奉著聖母瑪麗亞。拱型天花板上有著精細的雕刻等，是哥德式建築的最高傑作，聲名遠播。

©Westminster Abbey

● **加冕儀式的椅子**

自1308年愛德華2世的加冕儀式以來，在所有的加冕儀式上使用。

● **南翼廊**

17世紀前後起，許多詩人都埋葬在「詩人的角落」，還放置著莎士比亞的雕像。

©Westminster Abbey

🎁 **發現可愛的商品**

即使不進入寺院內，也可以前往寺院西側出口旁的商店採購。裡頭陳列著許多充滿英國風情的商品。

英國國旗的抱枕
£29

不列顛女神像和皇冠的盤子£7.95

DATA　☎020-7654-4920
時9時15分～17時（週三～18時30分、週日11時～）。4～9月9時15分～18時30分（週六～17時30分、週日11～17時）
休無休

小小知識 西敏寺與西敏大教堂（別冊MAP●P12A2）很容易搞混，但卻是兩棟不同的建築物，需留意。寺院（Abbey）是新教的英國國教堂、大教堂（Cathedarl）則是天主教的教堂。

 **Check!** 大略地認識英國皇室

《家系圖》

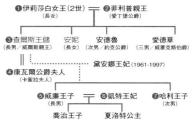

❶伊莉莎白女王(2世) ━━ ❷菲利普親王
(長女) (愛丁堡公爵)

❸查爾斯王儲　　安妮　　安德魯　　愛德華
(長男／威爾斯親王)(長女)(次男／約克公爵)(三男／威塞克斯伯爵)

❹康瓦爾公爵夫人　　黛安娜王妃(1961-1997)
(卡蜜拉夫人)

❺威廉王子 ━━ ❻凱特王妃　　❼哈利王子
(長男)　　　　　　　(次男)

喬治王子　　夏洛特公主

©Hugo Burnand, Clarence House/AP/アフロ

 肯辛頓 別冊MAP P5C4

肯辛頓宮
Kensington Palace

黛安娜王妃住過的宮殿

1689年由威廉3世買下、改建，19世紀時是維多利亞女王出生、長大的宮殿。黛安娜王妃婚後到去世之前都住在這裡，威廉王子夫婦自2013年起也住進肯辛頓宮。目前對外開放的宮殿有一部分展示著歷代王妃的婚紗等豪華的禮服。

DATA 交Ⓤ HIGH STREET KENSINGTON站步行10分 住Kensington Gardens,W8 4PX ☎0844-482-7777 時10～18時(11～2月為～17時) 休無休 料£16.50

👑 **與皇室的關聯性**
・王子&王妃的新居

大規模的整修於2012年結束，庭園和商店皆煥然一新

 在皇室的溫室裡享用下午茶

1704年時為安妮女王建造的溫室(橘園)改建成咖啡廳。可以在洛可可風格的空間裡愜意地度過一段午後時光。

DATA 交Ⓤ QUEENSWAY站步行10分 住Kensington Pl. Kensington Gardens, W8 4PX ☎020-3166-6112 時10～18時(11～2月為～17時)※下午茶為14～17時 休無休

1.1727年落成的宮殿內最大的房間 2.由畫家兼建築師的威廉‧肯特打造，描繪著喬治1世時期宮庭人們的奢華樓梯

1

 👑 **與皇室的關聯性**
・查爾斯王子與黛安娜王妃的婚禮會場

1.西側正前方聳立著兩座塔 2.爬上528階的樓梯可以抵達圓形穹頂上層的金回廊

西堤區 別冊MAP P8B2

聖保羅大教堂
St.Paul's Cathedral

這裡也是皇室婚禮的會場

最初建造於604年，目前的建築是從1675年開始，花了35年的歲月才完成，為建築師克里斯多佛‧雷恩的生平傑作。1981年，查爾斯王儲與黛安娜王妃在這裡舉行了婚禮。

DATA 交Ⓤ ST PAUL'S站步行1分 住St Paul's Churchyard,EC4M 8AD ☎020-7246-8348 時8時30分～16時 休週日 料£16.50(附多媒體導覽)

Covent Garden | SOHO | Mayfair Marylebone | Westminster | City Southbank | Notting Hill | Knightsbridge Chelsea | Shoreditch

21

英國皇室大特集③

英國皇家
御用的品牌清單

從擁有皇室御用品標章「皇家認證」的名店、到凱特王妃愛不釋手的流行服飾，
不妨購買一些令人嚮往的英國皇室愛用品。

號稱人氣不墜的皇家認證

梅菲爾 ｜ 別冊 MAP P22A2

Halcyon Days

●琺瑯製居家小物／1950年創業／❻❸❷

在現代復甦的18世紀美術工藝品

18世紀流行於王宮貴族之間的琺瑯盒。一位女性收藏家由骨董品店起家，終於讓這項手工藝重現世人眼前。手工繪製的細緻小盒，很適合送禮和裝放貴重物品，相當受到歡迎。也獲選為皇室致贈外國貴賓的禮品。

- -

1. 貓頭鷹的小盒子£65。動物和花的形狀在18世紀相當流行
2. 圖案充滿英國風情的盒子£135　3. 種類豐富直教人眼花撩亂
的雪茄盒　4. 店門口標示著3種稱號

DATA　交Ⓤ BOND STREET站步行5分　住14 Brook St.,W1S 1BD　☎020-7514-5460　時9時30分～18時（週六10時～）　休週日

梅菲爾 ｜ 別冊 MAP P22B3

Penhaligon's

●香氛／1870年創業／❸❷

因為英國紳士的禮節而大流行

19世紀末，威廉・潘海利根研發的男士香水大行其道。使用了天然花卉和柑橘類的香氣不會過於強烈，多年來深受皇室的青睞。英倫玫瑰的香味等女性香水也琳瑯滿目。

DATA　交Ⓤ GREEN PARK站步行5分　住16-17 Burlington Arcade,W1J 0PL　☎020-7629-1416　時10～18時（週六～18時30分、週日11～17時）　休無休

1. 藍莓香氣的淡香水£65／50ml　2. 芍藥花香氣的「Peoneve」£85／50ml
3. 挑選香味的房間（預約制）

梅菲爾 ｜ 別冊 MAP P23C4

Prestat

●巧克力／1902年創業／❻

女王陛下的下午茶甜點!?

伯爵茶和紫羅蘭奶油等，口味相當多元，還有自創業時起就很暢銷的松露巧克力「拿破崙三世」。維繫傳統的同時也不斷進化，也曾製作紀念女王大婚的巧克力。

DATA　交Ⓤ PICCADILLY CIRCUS站步行5分　住14 Princes Arcade,SW1Y 6DS　☎020-7494-3372　時9時30分～18時（週日10～17時、週日11時～16時30分）　休無休

1. 粉紅香檳的松露巧克力£11.50　2. 迷你巧克力片各£1.25　3. 店面和包裝都是由凱蒂・雅頓所設計

小小
知識

目前獲頒皇家認證的企業及個人約有800之多，其中還有可以用經濟實惠的價格買到的食材等，不妨去超級市場（→P62）找找看，請認明印在包裝上的徽章。

Check!

皇家認證是？

英國皇室針對其採購的商品和提供服務的企業及個人進行慎重的審查後授與的資格。每隔5年就會重新認證。目前有伊莉莎白女王、王夫愛丁堡公爵、查爾斯王儲的稱號，通過者可以掛上其各自的徽章。

伊莉莎白女王
The Queen ○

愛丁堡公爵
The Duke of Edinburgh ○

查爾斯王儲
The Prince of Wales ○

《其他的主要皇室御用店家》

● H.R.Higgins→P38　● Fortnum & Mason→P38　● Burberry→P47
● Smythson→P51　● Selfridges→P60　● Waitrose→P63
● D.R.Harris→P64　● Charbonnel et Walker→P83　● The Ritz London→P116

凱特王妃的最愛

梅菲爾 別冊MAP P22B3　Temperley London

● 流行服飾

充滿幹勁的女性設計師創立的當紅品牌

自2000年誕生以來，除了凱特王妃和她的妹妹皮帕之外，也深受許多貴婦名媛喜愛的名牌。細緻的蕾絲和有著優雅設計的印花，相當高雅且充滿時尚感。少女風的「愛麗絲」產品線和婚禮品項都很受歡迎。

DATA　交○GREEN PARK站步行5分　住27 Bruton St.,W1J 6QN　☎020-7229-7957　時10～18時（週四～19時）　休週日

1.兼具古典與現代之美的裙子£595　2.絲質的迷你印花絲巾£185　3.以彩繪玻璃為設計概念的上衣£595　4.位於18世紀的喬治亞風格建築物內

梅菲爾 別冊MAP P23C4　Lock & Co Hatters

● 帽子／1676年創業／○○

因凱特王妃效應而家喻戶曉

歷史超過300年以上的帽子專賣店。除了凱特王妃之外，在政治界及演藝圈都有很多的忠實客戶。因獲頒皇家認證一事也使得知名度大開。從上流社會的女性戴的華麗帽子到休閒的帽子款式等，應有盡有。

DATA　交○GREEN PARK站步行5分　住6 St.James's St.,SW1A 1EF　☎020-7930-8874　時9時～17時30分（週六9時30分～17時）　休週日

1.擋雨帽及折疊式的帽子也很暢銷　2.女性戴上手工編織的巴拿馬帽也很迷人，£200左右

騎士橋 別冊MAP P19C2　Issa London

● 流行服飾

沒有路面店，在Harrods等百貨公司設櫃

以凱特王妃在宣布訂婚的記者會上穿的鮮豔絲質針織禮服打開知名度。大受好評的度假風穿著充滿了來自巴西的女性設計師特有的玩心，瑪丹娜等貴婦名媛也是忠實顧客。

DATA
Harrods（→P60）

1.罩衫加上泳裝及貼身的褲子約£200～500　2.各種熱賣的晚禮服£385～

非去不可！
倫敦的6大個性派博物館

從湧進大批來自世界各地的觀光客、英國最具有代表性的博物館，到展示著個性十足的作品、令觀光客為之瘋狂的美術館，不妨到倫敦的博物館接觸珍貴的展示作品。

1.於2000年完工的大中庭　2.如果要在全世界最大的美術館裡參觀完所有的展品需要花上好幾天

入館前Check！

・入口

入口有2處，分別是博物館正面的正門和建築後側的蒙太古廣場入口

・樓層地圖與語音導覽

樓層地圖有免費與付費£2兩種。語音導覽£5，有中文版本

・免費入館

採取自由樂捐制，作為設施的維修費。各種貨幣都可以捐獻

・行李寄放處

位在2個入口附近。如果是大型行李，請利用後側的入口

 布隆伯利　別冊 MAP P7D1

大英博物館
The British Museum

 1 BEST

可以近距離地欣賞世界級的文化遺產

自1759年開始對一般民眾開放，是全世界最古老、規模最大的博物館。約700萬件收藏品中，平時展出大約15萬件館藏。最吸引人的地方在於可以近距離地欣賞古埃及的出土文物及古希臘的雕刻等號稱人類文化遺產的展示品。由於館內大約分成100個展示廳，因此建議事先決定好想看的展示品再開始逛博物館。

DATA

交Ⓤ TOTTENHAM COURT ROAD站步行5分
住Great Russell St. WC1B 3DG　☎020-7328-8299(服務台)
時10時～17時30分(週五～20時30分，不過17時30分後會限定可以參觀的展示廳)　休無休※也有事先公告就關閉部分展示廳的情況　料免費(樂捐制，特別展需付費)

 小小知識　漢斯‧斯隆爵士於1660年出生於愛爾蘭。他從學生時代起蒐集的植物標本及珍貴的藏書等，約8萬件的個人收藏品構成了大英博物館的基礎。

這樣最完美&最聰明！
最短1小時行程

在有限的時間內參觀主要展示品
依參觀路線順序介紹「去蕪存菁」行程！

START!

1 大中庭
Great Court

位於正門正前方，是個覆蓋著玻璃的天花板，十分寬敞的空間。有服務處及商店等設施，也有可以休息的空間。

2 羅塞塔石碑 第4廳
The Rosetta Stone

1799年，拿破崙大軍遠征埃及時發現，上頭以聖書體、世俗體、古希臘文刻著歌頌托勒密5世的碑文。

這塊石碑為解讀古埃及的龐大文字記錄開啟了新的篇章。

3 阿蒙霍特普3世的頭像 第4廳
Colossal Granite Head of AmenhotepⅢ

古埃及第18王朝的國王阿蒙霍特普3世的頭像。以統治過上、下埃及，興建了路克索神殿為世人所知。頭像打造於西元前1350年左右，特徵是其年輕時的表情。

4 拉美西斯2世的胸像 第4廳
Colossal Bust of Ramesses Ⅱ, the 'Younger Memnon'

古埃及第19王朝的法老王胸像。自底比斯的拉美西斯神殿出土，1816年運送到英國。

重達7.25公噸，拿破崙想將胸像運到底比斯的神殿時，因為太重而放棄。

5 蓋爾・安德森貓
Bronze Figure of a Seated Cat (Gayer-Anderson Cat) 第4廳

在古埃及被視為女神巴斯特的化身而受崇拜的貓雕像。耳朵和鼻子裝飾著黃金耳環、鼻環。

該雕像呈現西元前600年左右埃及王朝末期的貓信仰。以將此像捐贈給博物館的蓋爾・安德森為名。

6 復活島的巨石像 第24廳
Hoa Hakananai'a

以摩艾之名廣為人知，南美智利的孤島——復活島上的石像。由一整塊岩石雕刻而成，高度約2.4公尺，屬於比較小型的石像。看不到風化的痕跡，還保持得相當完整。1868年在航海測量時發現，將其獻給維多利亞女王。

7 巴特農神殿的破風雕刻
Figure of Dionysos from the East Pediment of the Parthenon 第18廳

裝飾在雅典的巴特農神殿上的部分雕刻。描繪著出現在希臘神話裡的雅典娜誕生的場景。

8 紅髮木乃伊 第64廳 GOAL!
Predynastic Egyptian Man(Ginger)

埋葬在沙漠裡的成年男性自然形成的木乃伊。因為頭髮是紅色的，故簡稱紅髮木乃伊。

觀光焦點 大英博物館❶

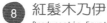

Covent Garden | SOHO | Mayfair Marylebone | Westminster | City Southbank | Notting Hill | Knightsbridge Chelsea | Shoreditch

25

想再多看一點就選這件展品！

如果時間還算充裕，以下的展品也切勿錯過。肯定會因人類文明的進步與睿智而感動。

埃及

展示古埃及文明的遺產

9 死者之書 第62-63廳
Book of the Dead of Hunefer

為了讓死者可以順利前往死後的世界，會跟木乃伊一起下葬的書。在莎草紙上書寫著繪畫和咒語。

東洋

別忘了印度雕刻與中國的陶器

10 濕婆神 第33廳
Dancing Shiva

濕婆神是印度教的破壞神，又稱為那吒羅闍，肩負著破壞宇宙、重新創造的使命。特徵是在火焰中踩著小人、抬起單腳跳舞的形象。

西亞

有很多巨大的雕刻和浮雕

11 有翼人面公牛像 第6廳
Colossal Winged Bulls from the Palace of Sargon Ⅱ

古亞述帝國的守護神。頭部是人類、身體則是長有翅膀的公牛，這座雕像曾置於薩爾貢2世的城門處。

亞述帝國當時認為魔物會從門窗鑽進來，因此將其放在宮殿的入口，以驅魔避邪。

羅馬帝國時期不列顛與歐洲

與英國文化有關的展品

12 波特蘭花瓶 第70廳
The Portland Vase

製作於西元25年前後，是世上最有名的古代玻璃製品之一。以浮雕玻璃製成，側面描繪著神話時代的婚禮。也被應用在Wedgwood的作品上，非常有名。

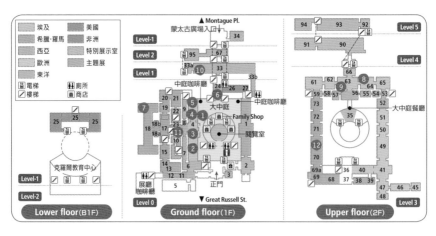

小小資訊 在主要展廳有由導覽志工講解展品的免費行程和展廳講座行程，每天11～16時也會舉辦可觸碰1、24、33號等展廳展品的親身體驗活動。

餐廳&咖啡廳

🍴 大中庭餐廳
Court Restaurant

以英國菜為主,可以品嘗到國際化的美食。相當講究食材的簡單菜色,充滿藝術感的擺盤也很引人注目。

DATA ☎020-7323-8990
時12時~17時30分(週五~20時)
休無休

1.主餐為£15.50~,菜色會隨季節變更 2.位於3F,可以看到整個大中庭

☕ 中庭咖啡廳
Court Cafe

屬於自助式的咖啡吧,可以吃到三明治及蛋糕、水果等輕食。也可以用來小憩片刻,價格低廉這點也很貼心。

DATA ☎無 時9時~17時30分
(週五~20時) 休無休

1.也可提供茶&司康£5的套餐等
2.羊奶起司和雞肉的三明治各£5.75

🏷 撩撥藝術細胞的周邊商品

有很多以世界級的藝術作品為設計主題的周邊商品,也有不少適合留作紀念的小東西!

1.以出現在埃及神話裡的貓女神巴斯特為設計主題的裝飾品£14.99 2.埃及貓的銅像£100 3.用蒙兀兒帝國的傳統色彩來描繪動物的琺瑯手鐲£99 4.木乃伊的石棺型盒式鍊墜£55 5.木乃伊型的USB隨身碟£9.99 6.木乃伊型的鉛筆盒各£4.99 7.大英博物館墜飾各£45

在這裡買得到!
🛍 Family Shop

繪本和玩具、T恤、展品造型的文具等,商品琳瑯滿目,五花八門。具有玩心的商品最適合做為造訪大英博物館的紀念了。

DATA ☎無 時9時~17時30分(週五~20時30分)
休無休

27

Covent Garden | SOHO | Mayfair Marylebone | Westminster | City Southbank | Notting Hill | Knightsbridge Chelsea | Shoreditch

Photography by James Medcraft © V&A,London

Photography by James Medcraft © V&A,London

© V&A,London

1

Photography by James Medcraft © V&A,London

5

© V&A,London

1．展示等比例雕像等作品的中世紀＆文藝復興藝廊
2．以1851年倫敦萬國博覽會的收益為基礎，在隔年開
館，1857年移到維多利亞王朝的建築物裡，直到現在
3．金碧輝煌的英國藝廊一部分 4．牆面的裝飾極為優美
的博物館原有茶點室（咖啡廳） 5．晚上會點亮燈光的
中庭

英國藝廊

按照年代順序展示著英國從亨利8世到維多利
亞女王時代的藝術與設計作品。其中又以奠定
近代工業設計基礎的威廉‧莫里斯及伯恩‧瓊
斯等人的作品最值得一看。除此之外，也展示
著Wedgwood及Liberty等誕生於英國的收藏品
約3000件以上。可以接觸到大師的技術與藝術
的歷史。

1600年前後，一家名叫
「威爾」的旅店為了招攬
客人，特別訂製的「威爾
大床」。

©Victoria and Albert Museum

騎士橋

別冊
MAP
P18A3

維多利亞與
亞伯特博物館
Victoria and Albert Museum

BEST
2

從大量的收藏品可以了解裝飾藝術的變遷

以裝飾品展示館的收藏品為主體，在1852年成立了該裝
飾博物館。如今以V&A的暱稱為人熟知，身為展示著室
內裝飾、古代美術、工藝、設計的博物館，規模號稱全
球最大。從各國的古代美術及玻璃工藝、銀製品等具歷
史性的作品、到現代的流行及設計等，展示著琳瑯滿目
的館藏。陳列著歐洲美麗雕刻的Cast Court展廳於2014
年重新開放。

DATA
交USOUTH KENSINGTON站步行5分 住Victoria Albert
Museum, Cromwell Rd., SW7 2RL ☎020-7942-2000 時10時
〜17時45分（週五〜22時） 休12月24〜26日 料免費（樂捐制）

入館前Check!

・入口
由SOUTH KENSINGTON站進來的地下入
口、正面入口、左側的入口，共3處

・樓層地圖與語音導覽
沒有語音導覽，樓層地圖放在美術館入口
處附近

・行李寄放處
館內在正面入口的右側、展覽路側的入口
附近有2個免費寄物處

小小
知識

正對著克倫威爾路的大理石階梯是由後來設計出白漢宮正面外觀的亞斯頓‧韋伯一手打造而成。另外，大部分的室內
裝潢都是由過去在這個地方設有學校創作室的國立美術學校的學生們所負責。

流行藝廊

藝廊裡珍藏著17～18世紀的布料，館藏的規模號稱全世界最大。與流行相關的展示在全球性的評價也很高，是V&A最重要、也最受歡迎的展示主題。展示品被指定為英國的國有收藏品。

1.以和服為基礎，於1913年在法國巴黎製作的斗篷　2.華麗的玫瑰花紋相當優美的晚禮服

©V&A,London

©V&A,London

珠寶

囊括了歐洲從古代到近代超過3000件的珠寶首飾，被譽為是全世界最大、也最昂貴的收藏品之一。除了豪華的珠寶品以外，用貝殼、石頭、骨頭等做成帶在身上的首飾這種史前時代的裝飾品等也很值得一看。

3.1860年代的垂墜式胸針，據推測是來自印度

©V&A,London

4.法蘭克·洛伊·萊特製作的1900年代扶手椅

家具藝廊

2013年12月開幕。展示著從中世紀到現在這600年來的家具超過200件以上，其機能、技術、構造及裝飾皆備受矚目。

©V&A,London

小憩片刻

☕ The V&A Café

在館內的The V&A Café裡還保留著素有現代設計教父之稱的威廉·莫里斯經手設計的房間。牆壁及裝飾都還是當時的樣子，可以在彷彿回到19世紀的氣氛下用餐或喝茶。

DATA ☎020-7920-2000　時10時～17時15分(週五～21時30分)　休12月24～26日

威廉·莫里斯是？

在19世紀後期的英國發揮多彩多姿的才能，以藝術與手工藝運動打開知名度的威廉·莫里斯是位工藝家、畫家、詩人、出版人、同時還是位社會主義思想家，活躍的範圍相當廣泛，也被譽為是現代設計的創始者。

©V&A,London

莫里斯第一次經手的公共事業

既漂亮又精緻的周邊商品

服飾及首飾等等，與流行元素有關的品項十分齊全也很吸引人

1.以孔雀為雛型的漆黑髮簪£15　2.鯨子形狀的鑰匙圈各£8.50　3.做成英文字母「C」的形狀的木製魚信箋£2.50　4.內有威廉·莫里斯和Liberty公司的圖樣等的整套明信片£14.99　5.會讓人連想到1930～1940年代流行的手拿包£55　6.以盛開在地中海沿岸的花朵為雛型的可愛戒指£50

在這裡買得到！

🛍 The V&A Shop

從博物館的正面入口進來，就這樣一直線地往前走，前方就是這家博物館商店。最適合用來尋找實用的伴手禮。

DATA ☎020-7942-2687 時10時～17時30分(週五～21時40分)　休12月24～26日

騎士橋　別冊 MAP P18A3

自然史博物館
Natural History Museum
BEST 3

多達8000萬件的動植物標本相當驚人

1881年獨立成為大英博物館的自然史部門。由3層樓構成的館內，分成收集生物標本的生命展區與從地球科學、天文學的角度來看地球歷史的地球展區。也有可以實際觸摸學習的體驗學習區。

DATA
交U SOUTH KENSINGTON站步行5分　住Cromwell Rd., SW7 5BD　☎020-7942-5000　時10時～17時50分　休無休　料免費(樂捐制)

1.展示於中央大廳的梁龍骨骼標本　2.是位於倫敦的羅馬式建築代表作

Check! 切勿錯過琳瑯滿目的周邊商品！

暴龍的模型£10

恐龍形狀的餅乾模具£3

蝴蝶的擬真圖案非常漂亮的錢包£30

以人骨為設計主題的鑰匙圈£5

南岸區　別冊 MAP P8B3

泰特現代美術館
Tate Modern
BEST 4

集結了最前衛的藝術作品

分成風景、人物、歷史等5個主題，展示著畢卡索、達利、安迪‧沃荷等活躍於20世紀以後的現代美術藝術家的作品。利用1981年關廠的火力發電廠改造而成的建築物也令人印象深刻。

DATA
交U SOUTHWARK站步行9分　住Tate Modern, Bankside, SE1 9TG　☎020-7887-8888　時10～18時(週五、六～22時)　休無休　料免費(企畫展需付費)

1.將過去曾設置發電機的場所規劃成門廳
2.99公尺高的氣派煙囪還殘留著發電廠時代的樣貌

Check! 購買可愛的原創商品！

色彩的搭配堪稱絕妙的義式濃縮咖啡杯組£15

將莎拉‧方納利的作品集結成冊的插畫集£19.99

用厚紙板做成可愛小鳥的工作組£7.99

小小資訊　泰倫斯‧康藍爵士是The Conran Shop的老闆，同時也從事家具和室內家居的設計、餐廳的經營等。1983年時肯定其對英國文化的貢獻，女王授予「爵士」的頭銜。

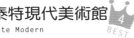

©Luke Hayes

©Luke Hayes

1.除了常態展示以外，也會頻繁地舉行當紅設計師們的嶄新企畫展
2.面向倫敦塔橋附近的泰晤士河的白色建築物令人眼睛為之一亮

設計博物館
Design Museum

BEST 5

介紹各種與設計相關的歷史

由泰倫斯‧康藍爵士企畫的商業&工業設計專門博物館。以當代的流行服飾、平面設計、家具等設計為主題，為大家介紹設計的變遷。描繪著知名設計師肖像畫的1F廁所也很值得一看。

> DATA
> 交Ⓤ LONDON BRIDGE站步行15分　住28 Shad Thames, SE1 2YD　☎020-7940-8790　時10時~17時45分　休無休
> 料£12.40

☕ 由康藍爵士所企畫的時尚咖啡廳

康藍爵士是一位室內家居及家具的設計師，甚至因此擁有『爵士』的頭銜。位於館內的咖啡廳也是焦點之一。

Check! 蒐羅了設計性十足的周邊商品

鑲有施華洛世奇水晶的筆£25

可愛的倫敦塔橋鋁製模型£15也是很受歡迎的伴手禮

©The National Gallery

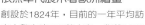
©The National Gallery

1.在19世紀後期增建的Barry rooms　2.正面的外觀仍保有1838年落成當時的風貌

國家美術館
The National Gallery

BEST 6

依照年代展示著歐洲繪畫

創設於1824年，目前的一年平均訪客人數高達450萬人次。收藏2300多件繪畫作品，包括李奧納多‧達文西在內的文藝復興畫作、以莫內為代表的印象派名畫皆十分充實。

> DATA
> 交Ⓤ CHARING CROSS站步行2分　住The National Gallery, Trafalgar Sq.,WC2N 5DN　☎020-7747-2885　時10~18時（週五~21時）　休無休　料免費（樂捐制）

Check! 別錯過倫敦風的設計主題！

艾瑪‧布瑞奇瓦特的美術館馬克杯£19.95

二手風的特拉法加廣場手提袋£5

---

and more...

國家美術館後面的肖像畫專門美術館

©Andrew Putler

也展示著莎士比亞及披頭四、保羅‧史密斯的肖像畫

國家肖像畫廊
National Portrait Gallery

英國歷史上的著名人士肖像畫

網羅名垂英國青史的著名人士肖像畫的藝廊。興起於1856年收藏皇室與政治家肖像畫，現今來自繪畫、照片、雕刻等的肖像收藏多達16萬件。

> DATA　交Ⓤ LEICESTER SQUARE站步行3分　住St-Martin's PI.,WC2H 0HE　☎020-7306-0055　時10~18時（週四、五~21時），閉館1小時前截止入館　休無休　料免費（樂捐制）

目標是泰晤士河沿岸！

This is London
走訪倫敦必逛景點

傳統與格調高雅的倫敦風景中不可或缺的地標。必逛景點均座落在泰晤士河沿岸，因此不妨以漫遊城市的感覺出發吧。累了的話可以靈活地運用雙層巴士，輕鬆移動。

Walking Route

1. 西敏寺
   ↓ 🚶 步行3分
2. 國會大廈&大笨鐘
   ↓ 🚶 步行8分
3. 倫敦眼
   ↓ 🚶 步行20分
4. 泰特現代美術館
   ↓ 🚶 步行1分
5. 千禧橋
   ↓ 🚶 步行5分
6. 聖保羅大教堂
   ↓ 🚇🚶 地鐵、步行13分
7. 倫敦塔
   ↓ 🚶 步行3分
8. 倫敦塔橋
   ↓ 🚶 步行15分
9. 夏德塔觀景台

[路線解說]

前往西敏寺，可由地鐵WESTMINSTER站步行即到。之後沿泰晤士河往東走。基本上皆為步行，不過聖保羅大教堂到倫敦塔此段可以搭乘地鐵。

由於矗立於泰晤士河畔，因此從對岸可以清楚地看見其身影

---

1 別冊 MAP P12B1

西敏寺
Westminster Abbey →P20

西側正面　　　　　　　　　　　　　　　　　　北側正面

朝向天空伸展的兩座塔落成於18世紀　　　北側翼廊的玫瑰窗為早期哥德式建築，很漂亮

↓

2 別冊 MAP P12B1

國會大廈&大笨鐘

高96公尺的伊莉莎白塔是其象徵

11世紀時建為愛德華國王的城堡，自16世紀後期起成為英國國會殿堂。新哥德式的建築物是在1857年重建的。鐘塔在2012年為慶祝女王登基60周年，改名為「伊莉莎白塔」。裡頭的大鐘，便是世人熟悉的「大笨鐘」。

DATA　🚇Ⓤ WESTMINSTER站步行1分　☎0844-847-1672　時國會開會期間可旁聽　休週六、休會期間　料免費　●語音導覽為9時20分～16時30分之間每隔15～20分舉行，會視時期而異，詳情需洽詢。　休週日～五　料£17.50　※需身分證件

 小小資訊　城市遊船Pic公司的泰晤士河遊船觀光（西敏寺、倫敦眼、倫敦塔行程）為單程£8.78～。乘船處在西敏區碼頭（別冊MAP●P7D4）等。

Check! 搭雙層巴士一口氣逛完必逛景點

「Double Decker」是倫敦最有名的
雙層巴士。如欲觀光以會經過皮卡
迪里圓環、特拉法加廣場的路線
（9、15、23、139、159路等）較
方便。由上層座位俯瞰美麗的街
景，在愛神像和銅獅像等攝影點拍
張紀念照吧。

巴士的搭乘方式→P130

1.在皮卡迪里圓環
（→P100）的噴水池
上展翅高飛的愛神像
2.特拉法加廣場
（→P100）是用來紀
念「特拉法加海戰」
的勝利 3.4座銅獅
像圍繞著高達50公尺
的尼爾森海軍司令紀
念柱

---

3 別冊MAP P8A4 倫敦眼
London Eye

事先上網預約無需排隊

搭乘時總是需要排隊的倫敦
眼，只要事先上網預約，就可
以優先搭乘。預約請上
URL www.londoneye.com/。

由於座艙懸在摩天輪的外
側，視野良好

泰晤士河畔的摩天輪

做為千禧年慶祝企劃的一環，於1999年底完工。高度為
135公尺，轉1圈大約得花上30分鐘。玻璃打造的座艙一
共有32個，除了倫敦市中心的觀光名勝外，天氣晴朗時
還可以遠眺到40公里外的地方。

DATA 交UWATERLOO站步行5分 ☎0870-5000-600 時10時
～20時30分（春季～21時、夏季～21時30分。視季節而異，需事先
確認） 休天候惡劣時 料£20.95，不需排隊的快速通關券為£29.50
～，包租的私人座艙為£500～（3～25人）

---

4 別冊MAP P8B3 泰特現代美術館
Tate Modern →P30

美術館的建築物
是由河岸發電廠
改建而成

5 別冊MAP P8B3 千禧橋
Millennium Bridge

近未來風格的行人專用橋

於2000年峻工，全長370公尺的吊橋。兩
端連結聖保羅大教堂和泰特現代美術館。

DATA 交UMANSION HOUSE站步行5分

如同設計概念「優雅
的光刃」的優雅造型

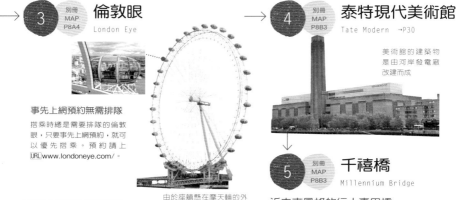

❻聖保羅大教堂 ST PAUL'S
瑞士再保險總部大樓
ALDGATE
皇家法院
MANSION HOUSE
泰晤士河
TOWER HILL
❼倫敦塔
❺千禧橋
LONDON BRIDGE
❹泰特現代美術館
❽倫敦塔橋
倫敦市政廳
❸倫敦眼
西敏區碼頭
WATERLOO
❾夏德塔觀景台
❶西敏寺
WESTMINSTER
聖詹姆斯公園
❷國會大廈&大笨鐘
N
0 500m

Covent Garden | SOHO | Mayfair Marylebone | Westminster | City Southbank | Notting Hill | Knightsbridge Chelsea | Shoreditch

33

6 別冊MAP P8B2 聖保羅大教堂
St.Paul's Cathedral →P21

克里斯多佛‧雷恩是？

17～18世紀的建築師。深受皇室的信賴,除了聖保羅大教堂的重建以外,也參與了肯辛頓宮及漢普頓宮的整修。同時也是一位知名的天文學家。

英國建築的最高傑作之一。目前的建築物是在1710年由克里斯多佛‧雷恩重建的

8 別冊MAP P9D3 倫敦塔橋
Tower Bridge

哥德式建築的巨大壯觀開合橋

1894年為了解決橋樑大塞車的問題建造的活動橋。哥德式風格的外觀十分美麗,是泰晤士河上的地標,深受世人喜愛。高42.4公尺,採取船隻通過時橋面會抬升開啓的構造。除了可以從上面的行人專用道過河以外,塔內也附設有博物館。

- -
DATA 交◎TOWER HILL站步行10分
☎020-7403-3761/020-7940-3984(上橋時間的資訊)
時10～18時,17時30分後截止入場(10～3月9時30分～17時30分,17時截止入場) 休無休 料£9

至今依舊每年會開合1000次左右

↓

9 別冊MAP P9C4 夏德塔觀景台
The View from The Sharde →P44

從高達309.6公尺的最新觀景台(右中)可以將倫敦的街道一覽無遺

夕陽也很美!

©The View from The Sharde

7 別冊MAP P9D3 倫敦塔
Tower of London

擁有皇宮及刑場歷史的倫敦塔

1078年由征服者威廉興建的碉堡。後來成為歷代君王的皇宮,經過多次的增建、改建,15世紀末後也當成監獄使用。倫敦塔內分布著重現國王城堡的中世紀宮殿、展示著530克拉的寶石「偉大的非洲之星」的珠寶屋等值得一看的觀光焦點。

- -
DATA 交◎TOWER HILL站步行1分 ☎0844-482-7777
0844-482-7799(門票) 020-3166-6000(海外訂購門票)
時9時～17時30分(週日、一10時～,17時截止入場),11～2月為～16時30分(週日、一10時～,16時截止入場) 休無休
料£22

白塔

1097年完成,是倫敦塔中最古老也最大的建築物。裡頭有展示室及禮拜堂等。

由20座塔和圍繞塔四周的城牆所構成

皇家守衛
保護塔的國王衛兵,也提供免費的導覽

烏鴉
由皇室飼養,大有來頭的烏鴉

珠寶屋
展示著皇室代代相傳的珠寶飾品

Check! 泰晤士河沿岸的獨特建築

○瑞士再保險總部大樓
The Gherkin 別冊MAP●P9D2
為高層辦公大樓,正式名稱為聖瑪麗斧街30號。因為形狀很像醃小黃瓜,因此以暱稱小黃瓜(Gherkin)更為人所知。
DATA 交◎ALDGATE站步行5分

○倫敦市政廳
City Hall 別冊MAP●P9D3
由負責興建瑞士再保險總部大樓的知名建築師諾曼‧福斯特所設計。向南傾斜31度的球體建築物還具有提高能源效益的效果。
DATA 交◎LONDON BRIDGE站步行8分

基於「烏鴉一旦飛走,國家就會滅亡」的傳說,倫敦塔內目前由稱為「Raven Master」的皇家守衛養著7隻烏鴉。由於烏鴉的生性兇猛,請不要靠近,遠遠地觀看就好。

THE★倫敦伴手禮

精心挑選第一眼就知道是來自倫敦的伴手禮，不妨買來當成紀念品。

年輕時代的
伊莉莎白女王

使用古典的老照片製作的明信片套組£10.50。有6種圖案，2張1組，共12張 **C**

很有女人緣!?的
亨利8世

英國皇室唯一娶了6個老婆的亨利8世和他的妻子們的迷你人偶組合£45 **A**

帶著倫敦名景趴趴走

以1956年開始行駛，深受市民喜愛的雙層巴士為設計主題的串珠零錢包£6.99 **A**

會彈出倫敦的街景

倫敦皇宮3D口袋型導覽£5。利用3D的設計來介紹肯辛頓宮、倫敦塔、白金漢宮等，共32頁 **A**

時尚地排滿觀光勝地

以繽紛的設計配置倫敦風情的觀光景點的筆記本£9 **B**

關鍵在於倫敦風格的制服！

原子筆£9.99（3枝一組）。左起是皇家守衛、警察、白金漢宮的衛兵造型 **A**

英國米字旗×心形盒子

裝在心型盒子裡的巧克力。有牛奶、巧克力、松露口味共3顆裝£4.99 **D**

雙層巴士的插畫實在太可愛了

以雙層巴士為設計主題的面紙，1包£1.49 **E**

在這裡買得到！

A 西堤區
Tower Shop
別冊MAP●P9D3
位在倫敦塔對面的禮品店中，有許多以亨利8世和珠寶為雕型的商品。
DATA 交Ⓤ TOWER HILL站步行1分
住Tower of London.,EC3N 4AB
☎020-3166-6848 時9時～16時30分（週日、一10時～）。視季節而異 休無休

B 泰特現代美術館→P30

C Paperchase→P51

D Charbonnel et Walker→P83

E 倫敦交通博物館→P98

Covent Garden | SOHO | Mayfair Marylebone | Westminster | City Southbank | Notting Hill | Knightsbridge Chelsea | Shoreditch

35

來到倫敦值得一訪的茶館

古典？新潮？
各種類型的英式下午茶

據說英式下午茶是起源於19世紀，公爵夫人在晚餐前為了填一下肚子止飢開始的習慣。
除了傳統的英式下午茶以外，最近也出現了新潮的類型。

自製的甜點

運用當季的水果，色彩繽
紛。吃到一半還會有蛋糕
推車過來

司康

發源自蘇格蘭。只有司康
和紅茶的下午茶稱為英式
奶油茶

三明治

火腿和小黃瓜為基本款。
一口大小方便享用，也可
以追加

古典

傳統英式下午茶
Traditional Afternoon Tea
£41.50（1人）
12～18時

室內擺設

也能享受置身在沉穩的家
具中的氣氛。有時還會提
供鋼琴演奏

紅茶

由於種類繁多，眼花繚亂
的時候就選擇店家自行調
配的紅茶也是一個方法

由於JING Tea
的香氣相當濃
郁，請先直接品
茶，然後再依個
人喜好添加牛奶

（朱塞佩・馬薩拉先生
／工作人員）

梅菲爾　別冊MAP P22B3　●H Brown's

The English Tea Room

風格傳統的古典下午茶

1837年創業的名門飯店。在充滿英式風格氣氛穩重
的「The English Tea Room」裡，可以品嘗傳統的英
式下午茶。司康及甜點當然無須贅言，使用最高級茶
葉「JING Tea」的紅茶也很迷人。可以從侍茶師精選
的17種茶葉裡挑選。

DATA
交 ⓤGREEN PARK站步行4分　住Albemarle St.,
W1S 4BP　☎020-7518-4155　時7～23時　休無休
☑需訂位

小小資訊　大家或許並不清楚，基本上飯店的英式下午茶的三明治和甜點都是可以追加的。只要有喜歡的點心，請向工作人員開
口，不需客氣。

英式下午茶的禮儀

有著裝規定嗎？
稍微正式的時尚休閒服裝即可。依飯店規範不同，有些會婉拒著短褲或牛仔褲的客人。

吃東西的順序？
並無特別的規定，不過一般都是由三層架最底下的三明治吃起。

司康要怎麼吃？
從側面用刀子水平劃開，切成兩半是道地吃法。抹上奶油和果醬享用。

紅茶要怎麼倒？
第1杯是端上來的時候就幫忙倒好的，接下來就要自己倒。茶壺裡的熱水沒有了可以追加。

觀光焦點 英式下午茶

梅菲爾 | 別冊 MAP P22A3 | ●H Connaught

Espelette

倫敦數一數二的奢華空間

室內擺設配置得相當豪奢的高級飯店，從茶館可以看見美麗的街道。古典風格的英式下午茶以美味的甜點特別受到好評。

古典

DATA 交 Ⓤ BOND STREET站步行7分 住 Carlos Pl., W1K 2AL ☎020-7107-8861 時7時～10時45分、12時～22時30分 休無休 Ⓙ需訂位

把在倫敦只有這裡才吃得到的珍貴法國製手工果醬塗在司康上來吃

傳統英式下午茶
Traditional Afternoon Tea
£41（1人）
於15時30分、17時30分（週六、日為13時30分、15時30分、17時30分）提供

西敏區 | 別冊 MAP P6B4 | ●H Berkeley

The Caramel Room

與知名品牌合作

「Prêt-à-Portea」是時尚風格的英式下午茶先驅。與保羅‧史密斯等知名設計師合作，可以享用到創新的甜點。

高級時裝午茶
Prêt-à-Portea
£41（1人）
13時～17時30分

與知名時尚品牌合作的巧克力及蛋糕光是看的就很賞心悅目

DATA 交 Ⓤ HYDE PARK CORNER站步行2分 住 Wilton Pl., SW1X 7RL ☎020-7107-8866 時7～23時（週日7時30分～）休無休 Ⓙ需訂位

新潮

西敏區 | 別冊 MAP P12A1 | ●H Goring

The Goring

古典

2013年首次獲得最佳評選

因為凱特王妃在此度過婚禮前一晚而聲名大噪的飯店。榮獲英國茶業公會的「2013年倫敦最佳下午茶」，從此愈來愈受矚目。

夏天以在充滿隱密感的中庭享用午茶最受歡迎。宛如貴族連棟別墅的優雅飯店

DATA 交 Ⓤ VICTORIA站步行5分 住 Beeston Pl., SW1W 0JW ☎020-7396-9000 時7～10時（週六～10時30分週日7時30分～10時30分）12時～14時30分18～22時 休週六白天 需預約

傳統英式下午茶
Traditional Afternoon Tea
£42.50（1人）
15時～16時30分

布隆伯利 | 別冊 MAP P7C1 | ●H Sanderson

Sanderson

『愛麗絲夢遊仙境』為主題

因為是設計風飯店，所以英式下午茶也很特別。「瘋帽客的茶會」有許多重現了故事中元素的甜點，充滿了玩心。

DATA 交 Ⓤ OXFORD CIRCUS站／TOTTENHAM COURT ROAD站步行5分 住 50 Berners St., W1T 3NG ☎020-7300-5588 時7時～11時30分、12～24時 休無休 需預約

瘋帽客的茶會
Mad Hatter's Tea £58（1人）
11時～17時30分（週五～日12時30分～18時30分）

新潮

茶具是知名的雜貨品牌「Luna & Curious」，也可以購買

Covent Garden | SOHO | Mayfair Marylebone | Westminster | City Southbank | Notting Hill | Knightsbridge Chelsea | Shoreditch

37

紅茶大國・英國的
美味茶葉&紅茶相關商品

據說英國人平均每人每年喝掉2.5公斤的紅茶葉。正因為英國人如此鐘愛紅茶，
專賣店裡才會販售各式各樣的茶葉，也網羅琳瑯滿目的相關商品！

1.各種有著高雅設計的茶壺£34～
475　2.濾茶器和茶葉勺套組£65
3.皇家衛兵調合茶£16.50／250克

1.木樁形狀的茶壺（紅色）£26
2.可以計算3種時間的沙漏型泡茶計時
器£8.50　3.HIGGINS午後特調紅茶
葉£4.45／125克

1.Keiko Hasegawa製作的和風茶壺£
95　2.各種茶包明信片£4.50～7.50
（店家可代寄，郵資另計）　3.罐裝
大吉嶺紅茶£6.95／50克

梅菲爾　別冊 MAP P23C3

Fortnum & Mason

開了300年以上的老字號

1707年創業的老字號百貨公
司，紅茶也很有名。長達150
年來都是皇室認證御用店家，
光憑這點，品質就有一定的保
證。

- - - - - - - - - - - - - - - - -
DATA　交◯PICCADILLY CIRCUS
站步行4分　住181 Piccadilly,W1A
1ER　☎020-
7734-8040
時10～21時（週
日12～18時）
休無休

梅菲爾　別冊 MAP P6B2

H.R.Higgins

伊莉莎白女王御用的品牌

販賣著也使用在白金漢宮晚宴
上的茶葉。除了種類多樣，品
質也劃分成好幾個等級，提供
秤重購買。

- - - - - - - - - - - - - - - - -
DATA　交◯BOND STREET站步行5
分　住79 Duke St.,W1K 5AS
☎020-7629-3913　時9時30分～18
時（週六10時～）※商店內的茶館～17
時30分　休週日

梅菲爾　別冊 MAP P22A1

Postcard Teas

內裝茶葉的航空信件

老闆會親自走訪印度和中國、
日本等地的小規模茶園，只提
供精心挑選的茶葉。也可以郵
寄裝有茶葉的明信片。

- - - - - - - - - - - - - - - - -
DATA　交◯BOND STREET站／
OXFORD CIRCUS站步行5分
住9 Dering St.,W1S 1AG
☎020-7629-3654　時10時30分～
18時30分　休
週日

小小資訊　Fortnum & Mason 5F的茶房（12～21時，週日～20時）在2013年重新改裝並更名為「Diamond Jubilee Tea Salon」。
可以在優雅的氣氛下享用英式下午茶£45～。

茶葉的種類

從種類五花八門的紅茶中，挑選平常最常聽到的茶葉為大家解說。

大吉嶺
原產於印度東北部的茶葉，香氣與風味呈現絕佳平衡，是三大紅茶之一。通常是直接喝。

阿薩姆
原產於印度東北部的阿薩姆，特色是偏紅的茶色。是味道較為濃郁的紅茶，最適合泡成奶茶。

伯爵茶
在產自中國等的茶葉中加入佛手柑增添香氣的茶款。風味也隨著製茶商不同而有細微變化。

英式早餐茶
早餐時搭配的調合紅茶，風味比較強烈。普遍做成奶茶來喝。

錫蘭紅茶
斯里蘭卡的紅茶。根據栽種茶葉的海拔高度分成3類。適合做成檸檬茶。

1.用來妝點下午茶時間的草莓蛋糕造型可愛茶壺£14.85 2.附可愛紅心的泡茶器£5.20 3.香氣馥郁的倫敦茶£4.80／100克

1.『愛麗絲夢遊仙境』茶會的茶壺£35 2.散裝茶葉與簡易型泡茶器£14 3.英式早餐茶£4.75／15包裝

1.上頭有白玫瑰造型的茶壺£29.95 2.漿果皇后£12／125克 3.毛線織的保溫用茶罩£19.95

柯芬園　別冊MAP P24A1

The Tea House

販售種類豐富的茶葉

從高品質的茶葉到水果和焦糖等的調味茶一應俱全。也有很多獨特造型的茶壺等茶具可供挑選。

- - - - - - - - - - - - - - - -
DATA　交◎COVENT GARDEN站步行3分　住15 Neal St.,WC2H 9PU ☎020-7240-7539　時10～19時（週四～六～20時，週日、假日11時～） 休無休

柯芬園　別冊MAP P24B2

Whittard of Chelsea 1886

黛安娜王妃也曾是忠實顧客

創業於1886年的老字號，在英國國內約有60家分店。調合茶及香草茶等茶葉的種類十分豐富，價格也很公道。

- - - - - - - - - - - - - - - -
DATA　交◎COVENT GARDEN站步行3分　住38 Covent Garden Market,WC2E 8RB ☎020-7240-3532　時10～20時 休無休

柯芬園　別冊MAP P24B2

Tea Palace

紅茶的新指標

誕生於2005年的紅茶專賣店。除了單一莊園紅茶之外，也有調合茶及綠茶等，販售約120種茶葉。

- - - - - - - - - - - - - - - -
DATA　交◎COVENT GARDEN站步行1分　住12 Covent Garden Market,WC2E 8RB ☎020-7836-6997　時10～19時（週日11～18時） 休無休

挑起購物欲的品項①

二手商店的
美好的♥骨董

從傳統的設計風格到可以感受到玩心的物品，擁有各種不同的味道是骨董的魅力所在。
以尋寶的心情從餐具及家居雜貨、服飾等琳瑯滿目的物品裡找出自己喜歡的東西。

1．色調柔和的植物群設計風格。Susie Cooper的盤子£9Ⓐ 2．Meakin的牛奶壺&糖罐組£25Ⓑ 3．古色古香的鋁製果凍模型£5Ⓑ 4．外觀和音色都很令人懷念的50年代骨董留聲機£145Ⓒ 5．在70年代曾是主流的紅色電話£65Ⓒ 6．Midwinter牛奶壺£13Ⓐ 7．Meakin的杯盤組£9Ⓐ

Ⓐ ●肖迪奇
Vintage Heaven

別冊MAP●P25B1

色彩繽紛的餐具類

老闆瑪格麗特女士長年來收集的英國中世紀餐具品項非常齊全，堪稱倫敦第一。位於以花市聞名的哥倫比亞路上，價格也相當公道。

DATA 交ⓊLIVERPOOL STREET站步行15分 住82 Columbia Rd.,E2 7QB ☎01277-215968 時12～18時(週日8時30分～17時30分，週五只接待預約客人～17時) 休週一～四

Ⓑ ●倫敦東北部
Stella Blunt

別冊MAP●P3D1

尋找風雅的物品

品味絕佳地陳列著家具及餐具、擺飾等。在簡約且洗練的骨董品簇擁下，心情也隨之輕揚。經濟實惠的卡片和小東西等也不容錯過。

DATA 交英國國鐵LONDON FIELDS站步行7分 住77 Broadway Market, E8 4PA ☎079-5871-6916 時12時30分～18時(週六10時30分～，週日12～17時) 休週一、二

Ⓒ ●南岸區
Radio Days

別冊MAP●P8A4

五顏六色令人眼花繚亂！

色彩鮮艷、流行感十足的二手衣、流行的配件等，興高采烈的尋寶遊戲令人心花怒放。1920～70年代的骨董很齊全，劇場的相關人士也會來這裡尋找小道具。

DATA 交ⓊWATERLOO站步行6分 住87 Lower Marsh,SE1 7AB ☎020-7928-0800 時10～18時(週五～19時) 休週日

 小小資訊 骨董餐具即便無法湊齊全套，那種零散的感覺反而更好看。在Vintage Heaven附設的Cakehole Cafe裡可以看見店家是如何巧妙搭配顏色和主題使用，建議可作為參考。

充滿英國風情的骨董餐具品牌

Susie Cooper

在1920～30年代曾經風靡一時的女性陶藝設計師，在日本於90年代重新受到認識，再度聲名鵲起。

Rye Pottery

設立於1869年，在1947年重新建造在大戰中消失的窯，從此以後的作品皆以鮮艷的色彩為特徵。

Denby

擁有200年以上歷史的工作坊。陶製產品使用的是當地特產的黏土，必須經過大約20人之手才能製成。

Royal Doulton

與Wedgwood齊名的英國規模最大陶瓷器製造業者。在19世紀後期導入骨瓷。

8.最適合小朋友玩的積木 £24❶　9.手搖鈴玩具 £16❶　10.設計得極為細緻的骨董蕾絲活動衣領£15❺ 11.Midwinter「cascade」圖樣各£15❺　12.小丑的雜耍拼圖£24❶　13.充滿了復古感覺的徽章各£3.99❶ 14.40年代的毛呢帽（左）£32、1900年代的帽子（右）£42❺現在看來還很新潮

---

❶ ●天使區
After Noah

別冊MAP●P16A1

英國風的骨董寶庫

店名是只要是「諾亞方舟」以後的東西，什麼都有的意思，一如店名，密密麻麻地擺滿了廚房用品及雜貨、玩具等。全都充滿了英國風格是其最大的賣點。

DATA　交Ⓤ ANGEL站步行12分 住121 Upper St.,N1 1QP ☎020-7359-4281 時10～19時（週日11～18時）休無休

❸ ●肖迪奇
Le Grenier

別冊MAP●P25B2

一找到喜歡的 就要『馬上下手』

小巧玲瓏的店內塞滿了骨董雜貨，尤其是餐具類（杯&盤£5～等）很齊全。

DATA　交Ⓤ LIVERPOOL STREET站步行18分　住146 Bethnal Green Rd.,E2 6DG ☎0784-042-8377 時12～19時（週日10～18時）休週三

❺ ●倫敦南部
Leftovers

別冊MAP●P3D4

有助於增進女人味的商品

以從南法的港都採購回來，1900年到50年代的法國二手衣為中心，種類應有盡有。位於布里克斯頓村市集內。

DATA　交Ⓤ BRIXTON站步行5分 住Unit 71 Brixton Village, SW9 8PS ☎020-0011-1918　時11時～17時30分（週日12～16時）休週一、二

誕生自英國的
美好的♥印花

格子是誕生於英國,最具有代表性的圖案(花紋)。以下從傳統的花紋到最新、
最可愛的設計,為大家介紹種類琳瑯滿目的印花商品。

成熟可愛風♡

小碎花圖樣的Liberty印花
商品

集合了最新的Liberty花紋
的便條紙套組£6.95

招牌是圓點和碎花

圓點圖案的紅色點點
提包£50

餐巾紙20張裝
£3.50

雙層巴士圖案的票夾
£6

玫瑰香味的護手
霜£6

蘇活區 | 別冊 MAP P22B1 | ## Liberty

以Liberty花紋吸引了全世界的女孩

創業於1875年的老牌百貨公司。自創的『Liberty
印花』具有鮮豔的花紋,除了倫敦以外,也深受
全世界女孩的喜愛。連身洋裝和披肩、手提包等
的商品陣容也很豐
富,每年都會推出新
的花色。

DATA →P61

也別錯過充滿倫敦風情的
都鐸樣式的外觀

梅菲爾 | 別冊 MAP P23C3 | ## Cath Kidston

眾所矚目的知名品牌旗艦店誕生

走復古風的碎花及圓點印花在台灣也非常受歡迎
的知名品牌,終於在皮卡迪里開了大型的旗艦
店。3層樓的寬敞店內陳列
著居家、流行、兒童等琳瑯
滿目的商品,種類十分齊
全。

DATA 交⑪PICCADILLY CIRCUS站步行6分
住178-180 Piccadilly, W1J 9ER
☎020-7499-9895 時10~22時(週日12~18時)
休無休

 小小資訊

倫敦伴手禮的經典圖樣,正是英國國旗上的米字花紋,衍生的商品品項多得令人眼花撩亂。除了百貨公司和商店以外,
在觀光名勝(→P35)等地也能找到各式各樣的商品。不妨到目的地找看看吧。

Check! 誕生自英國的傳統印花

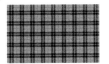

蘇格蘭格紋
Tartan Check
發源自蘇格蘭高地的格子花紋，
最常出現在裙子上。

千鳥紋
Hound's Tooth Check
英文為『獵犬的牙』，名稱源於白色
部分看起來是狗的牙齒形狀。

人字紋
Herring Bone
左右呈鋸齒狀的條紋。因為形似
鯡魚魚骨，英文遂以此命名。

動物圖案的盤子
£10～

波卡圓點的法國碗
£17.95

最適合作為贈禮

米字旗的馬克杯
£19.95

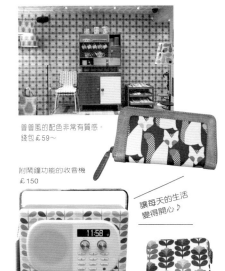

普普風的配色非常有質感。
錢包£59～

附鬧鐘功能的收音機
£150

讓每天的生活
變得開心♪

樹葉印花的iPad保護
殼£59

馬里波恩 別冊MAP P21C2 # Emma Bridgewater

溫暖的設計雜貨寶庫

設計上充滿了英式元素的餐具＆雜貨品牌。除了
經典的米字旗圖案以外，從簡單大方到洋溢著色
彩品味的圓點花紋等，都很
耐用也不退流行。小狗和森
林裡的動物、鳥兒等的動物
圖樣也很搶手。

DATA 交Ⓤ BAKER STREET站步行7分
住81a Marylebone High St., W1U 4QL ☎020-7486-
6897 時10～18時(週四～19時，週日11～17時)
休無休

柯芬園 別冊MAP P24A1 # Orla Kiely

色調獨特的『樹葉印花』

愛爾蘭籍設計師Orla Kiely在英國倫敦成立的品
牌，經典標誌是以樹葉為雛形的『樹葉印花』，
和UNIQLO的合作也在日本
掀起話題。除了服飾和手提
包以外，錢包、配件的種類
也相當豐富。

DATA 交Ⓤ COVENT GARDEN站步行5分
住31 Monmouth St., WC2H 9DD ☎020-7240-4022
時10時～18時30分(週日12～17時) 休無休

Covent Garden | SOHO | Mayfair Marylebone | Westminster | City Southbank | Notting Hill | Knightsbridge Chelsea | Shoreditch

43

Column

親身體驗現在進行式的倫敦
倫敦的熱門景點

倫敦是個融合傳統與創新的城市。透過2012年舉行倫敦奧運的基地都市更新，
讓這個城市更加進步。超高層觀景台及第一家暢貨中心也陸續開幕，進化還在持續當中。

2013年2月開幕（觀景台）

  南岸區 別冊MAP P9C4

夏德塔觀景台
The View from The Shard

從空中往下俯瞰的超高層觀景台

夏德塔座落於倫敦橋站旁邊，是西歐最高
的大廈。而可以360度俯瞰整個倫敦的觀景
台就位在這棟由義大利籍建築師倫佐‧皮
亞諾所設計，高達309.6公尺的摩天大樓的
68、69、72F。天氣晴朗時可以遠眺到60
公里外，夜景美不勝收。也有香檳酒吧
（12時～），建議可以邊欣賞大廣角的風
景邊來杯香檳。入場券以上網預訂的方式
最方便。

DATA
交ⓤLONDON BRIDGE站步行3分 住32 London
Bridge St., SE1 9SG 夏德塔觀景台☎0844-499-
7111 時10～22時(20時30分後截止入場)、11～3
月的週日～三～19時(17時30分後截止入場) 休無休
料£29.95
URLwww.theviewfromtheshard.com/

1.從天花板到地板是一整面的玻璃帷
幕 2.裝設許多最新科技的望遠鏡
3.除了觀景台以外，館內也有辦公室
及餐廳、飯店「香格里拉」等設施進駐

倫敦西北部 別冊MAP P3D4

London Designer Outlet

倫敦第一家暢貨中心

就開在足球的聖地溫布利球場的隔壁，是倫敦第
一家正式的大型暢貨中心。除了Marks &
Spencer、L.K. Bennett、愛迪達等知名品牌以
外，也有餐廳及電影院等進駐的複合設施。

2013年10月開幕

DATA
交ⓤWEMBLEY PARK
站步行10分 住Wembley
Stadium, Wembley HA9
0FD ☎020-8912-
5210 時9～20時(週日
11～17時，餐廳～23時
30分) 休無休

地鐵BAKER STREET
站搭乘Jubilee Line約
15分

倫敦東北部 別冊MAP P3D4

Westfield Stratford City

歐洲最大規模的購物商城

位於倫敦奧運的主要會場「奧林匹克公園」旁，
2011年開幕的大型商業設施。在3層樓的廣大腹
地裡，有老字號百貨公司「Liberty」(→P42、
61)的第一家分店，以及知名的商店及餐廳
等，共300多家店鋪進駐。

DATA
交ⓤSTRATFORD站步
行即到 住2 Stratford
Pl., Montifichet Rd.,
Queen Elizabeth
Olympic Park.,E20 1EJ
☎020-8221-7300
時10～21時(週六9時
～、週日12～18時)
休無休

19萬平方公尺的面積

小小資訊 泰晤士河沿岸的地區「柏孟塞(Bermondsey)」(別冊MAP●P3D8)以營盒市集聞名。自2008年起，都市更新進行得如火如荼，高樓大廈如雨後春筍冒出。另一方面，柏孟塞街上卻還殘留著古色古香的風情，成為下一波潮流的傳播據點。

購物

從舉世聞名的流行服飾品牌總店、

到什麼都有的老字號百貨公司和市集,

為大家介紹最適合成熟女子的商品。

歡迎前往眾所矚目的購物天堂!

用英國風來展現自己！
令人嚮往的英倫名牌
請在旗艦店&總店購買

從英國皇室御用的『英國傳統風格』到時下引起話題的品牌等，
如果想要尋找令人嚮往的英國名牌，請前往商品陣容齊全的旗艦店&總店！

Traditional Style 傳統的風格。在具有歷史與傳統的英國，長年受到喜愛的正統派。

1．女裝在1F，男裝在地下室 2．也別錯過日本籍設計師片山正通打造的裝潢 3．路面店只有這家倫敦店和東京的青山店

 別冊 MAP P22A3

Mackintosh

全球第一家旗艦店

使用了1823年由查爾斯‧麥金塔開發的防水布料『Mackintosh Cloth』的外衣品牌。這家店於2011年開幕，是為該品牌的全球第一家旗艦店。除了注重機能性，兼具設計感的新品會在第一時間陳列在店頭。

DATA 交ⓊBOND STREET站步行8分 住104 Mount St., W1K 2TL ☎020-7495-8326 時10～18時 休週日 [主要分店]無

附有羊毛內裡♪

熱賣款！

5

6

7

Check!

4．FORREST SHORT系列的風衣 ￡997 5．顏色亮麗的檸檬黃BANTON大衣￡870 6．好穿搭的沉穩黑色A字型BANCHORY大衣￡998 7．經典熱賣款的PABBAY連帽大衣￡700

新穎的花色也陸續推出

大膽的猶豹紋WESTHILL大衣（照片）￡950等，顛覆過去品牌印象的，設計性十足的新款式也不容錯過。

 小小資訊 如果想要盡興地選購名牌，不妨前往梅菲爾的新、舊龐德街（別冊MAP●P22A1、B3）。LV及GUGGI、PRADA等，整條街上一家接一家都是高級名牌店。

別冊 MAP P23C3 梅菲爾

Burberry

老字號品牌的新嘗試

該品牌第一家旗艦店。店內設置數位液晶螢幕，可以親身感受官方網站呈現的世界。還附設有藝廊及舞台，也會舉辦活動。

1.2.由2個樓面構成的1F為男裝、2F為女裝 3.經典包款〔Orchard〕£995 4.「Westminster」石色風衣£1195

女裝樓面的品項超齊全！

DATA 交UPICCADILLY CIRCUS站步行5分 住121 Regent St., W1B 4TB ☎020-7806-8904 時10～22時（週日12～18時） 休無休 [主要分店]龐德街店（別冊MAP●P22B2）、騎士橋店（別冊MAP●P19C1）、柯芬園店（休閒系列）（別冊MAP●P24A2）

Check!

Burberry第一家獨立的美妝店

別冊 MAP P24B2 柯芬園

Burberry Beauty Box

2013年12月在柯芬園市集內開幕。以彩妝產品及香水為主，也販賣各種配件。

指甲沙龍也很新潮

DATA 交UCOVENT GARDEN站步行1分 住2A Covent Garden, WC2E 8RF ☎020-7785-1721 時10～20時（週日12～18時） 休無休

別冊 MAP P21D4 梅菲爾

Margaret Howell

穿過一次就捨不得放手了♡

穿起來很舒服 非買不可的女用襯衫

當初是以男仕品牌問世，但是卻以女裝大受歡迎。以重視功能性、穿起來很舒適為賣點。在倫敦市中心開了2家店，位在威格莫爾街（Wigmore St.）和富勒姆路（Fulham Rd.）上。

1.店內透進柔和的自然光 2.觸感非常好的純質襯衫 £295 3.100%喀什米爾羊毛的開襟毛衣 £475

DATA 交UBOND STREET站步行5分 住34 Wigmore St., W1U 2RS ☎020-7009-9009 時10～18時（週四～19時、週日12～17時） 休無休 [主要分店]Fulham Rd.店（別冊MAP●P18B4）

別冊 MAP P4B2 諾丁丘

Paul Smith

高級住宅區的豪宅 變身為旗艦店

英國代表性的知名男仕品牌，也推出了女裝線「Paul Smith Woman」。在以「Westbourne House」聞名的旗艦店裡，也有訂製服的工作室。

柔軟的皮革材質

1.店內的氣氛相當優雅 2.由豪宅改建而成的店面就像是去朋友家一樣 3.Westbourne包 £1100

DATA 交UNOTTING HILL GATE站步行10分 住122 Kensington Park Rd., W11 2EP ☎020-7727-3553 時10～18時（週六～18時30分、週日12～17時） 休無休 [主要分店]Floral St.店（別冊MAP●P24A2）、Park St.店（別冊MAP●P9C3）、馬里波恩高街店（別冊MAP●P21C2）

購物 令人嚮往的英倫名牌 ❶

47

| Covent Garden | SOHO | Mayfair Marylebone | Westminster | City Southbank | Notting Hill | Knightsbridge Chelsea | Shoreditch |

Punk Style

1970年代誕生於倫敦的龐克風,特徵是具有叛逆性的前衛設計。最近與大眾化的流行單品一起搭配也很受歡迎。

梅菲爾　別冊 MAP P22B2

Vivienne Westwood

龐克流行的先驅

前衛的設計風格,也為搖滾音樂帶來影響的大牌設計師。近年來以17世紀的歐洲貴族為主題,推出嶄新且優雅的作品。

DATA
交ⓊOXFORD CIRCUS站步行6分
住44 Conduit St., W1S 2YL
☎020-7439-1109
時10~18時(週四~19時、週日12~17時)　休無休
[主要分店]國王大道店(World's End→P105)、Davies St.店(別冊MAP●P22A2)、騎士橋Harrods店(別冊MAP●P19C2)

1.將商標作成立體造型的飾品種類也相當多元　2.陳列在店內的經典商品和最新作品　3.旗艦店的標誌是粉紅色的簽名霓虹燈　4.紅標的愛心外套£600　5.大花圖案相當搶眼的瑪格麗特包£455　6.粉紅珍珠和玫瑰金鍊子的豪華組合。伊絲德珍珠項鍊£245

從新作到
經典款
一應俱全

梅菲爾　別冊 MAP P22B3

Alexander McQueen

性感&女性化的設計風格

以骷髏頭與蜻蜓為設計主題等,陸續發表許多性感又深具視覺效果的新作品。另一方面,女性化的設計風格也有一定的好評,亦親手設計凱特王妃的婚紗。

1.讓人聯想到女性曲線的優雅店內　2.裙長較短的黑色緊身羊毛禮服£1355　3.骷髏頭與獅角敷印花的雪紡絲巾£345　4.酒紅色麂皮的框型手拿包。手拿包為£325~

DATA
交ⓊGREEN PARK站步行4分
住4-5 Old Bond St., W1S 4PD
☎020-7355-0080　時10~18時(週四~19時)　休無休
[主要分店]無

大型的櫥窗裡展示著最新力作

牛津街(別冊MAP●P7C2)是倫敦「快速時尚的重鎮」。除了Topshop及Primark以外,也林立著大家耳熟能詳的UNIQLO及H&M、Forever 21等品牌。

Real Clothes

平價的休閒風快速時尚在倫敦也相當受歡迎。
請務必走訪國內尚未引進的品牌。

馬里波恩 別冊MAP P22B1 Topshop

也有和超級名模
凱特·摩絲合作的系列

在英國展店約300家的當紅女性服飾品牌。該品牌主線系列加上走高級路線的「Boutique」等，共開拓出4條產品線。

1.座落在牛津圓環站的正前方，位置絕佳
2.用羽毛點綴帥的亮草披肩£65 3.肌
緻的羊毛小襯裙£60

DATA 交Ⓤ OXFORD CIRCUS站步行1分 住216 Oxford St.,W1D 1LA ☎0844-848-7487 時9〜22時（週一、二、六〜21時，週日11時30分〜18時）休無休
[主要分店]維多利亞街店（別冊MAP●P12A1）、岸濱街店（別冊MAP●P24B3）、騎士橋店（別冊MAP●P19C1）

梅菲爾 別冊MAP P6A2 Primark

以便宜為賣點的
知名快速時尚品牌

來自愛爾蘭的休閒服飾品牌。牛津店的1F是女裝，2F是男裝及童裝，琳瑯滿目地陳列著£10以下的商品。

1.店內總是擠滿搶購人潮，相當熱鬧。 2.漸層色相當漂亮的毛衣延綿今套£30
3.高雅的A字校A字裙£10

DATA 交Ⓤ MARBLE ARCH站步行1分 住499-517 Oxford St.,W1K 7DA ☎020-7495-0420 時8時30分〜22時（週六〜21時，週日12〜18時）休無休
[主要分店]圖騰漢廳路店（別冊MAP●P7C2）、Kilburn High Rd.店（別冊MAP●P2A1）

馬里波恩 別冊MAP P22B1 Miss Selfridge

挑動少女心的
女性化商品

由皮爾·卡登的設計展開的品牌。新潮流行的色調與休閒&性感的線條深獲年輕女性的青睞。

1.地點就在Topshop隔壁
2.小碎花的短上衣£25
3.粉紅色的提花裙£35，銀色的刺繡具有畫龍點睛的效果
4.銀色的手拿包£25

DATA 交Ⓤ OXFORD CIRCUS站步行1分 住36-38 Great Castle St.,W1W 8LG ☎020-7927-0158 時10〜21時（週六9〜20時，週日12〜18時）休無休
[主要分店]牛津街House of Fraser店（別冊MAP●P22A1）、Duke St. Selfridge店（別冊MAP●P6B2）、維多利亞House of Fraser店（別冊MAP●P12A1）

切爾西 別冊MAP P11D2 Whistles

高雅的成熟女性品牌

誕生於英國的仕女品牌。從休閒服飾到正式服裝一應俱全，優良的品質也贏得一定的評價。凱特王妃也是忠實顧客。

1.陳列著整體大方、耐看的商品
2.搖曳風印花的長版上衣£110
3.剪裁非常漂亮的裙子£165

DATA 交Ⓤ SLOANE SQUARE站步行1分 住31 Kings Rd.,SW3 4RP ☎020-7730-2006 時10〜19時（週日12〜18時）休無休
[主要分店]Harrods店（別冊MAP●P19C2）、Harvey Nichols店（別冊MAP●P19D1）、Peter Jones店（別冊MAP●P11D2）

Covent Garden | SOHO | Mayfair Marylebone | Westminster | City Southbank | Notting Hill | Knightsbridge Chelsea | Shoreditch

49

高品質的商品一應俱全！
精美的設計
品味高雅的文具&雜貨

從設計師品牌和皇家御用品牌等值得擁有一件的商品，
到CP值高的平價單品等，不妨採購一些倫敦人愛用的日用品。

以愛護地球
為信念

真想豪著
到處亂蓋！

CATS
Rubber Stamps

→具有環保意
識的再生紙筆
記本各£5Ⓐ

←不到£10就可以買到
的印章組Ⓓ

→骨董剪刀和捲
線軸£33Ⓐ

文具

不僅是功能性高，
顏色和設計等都具有
英國風格的品項齊備

←Make it
Happen的
文字相當
搶眼的皮
革記事本
£45Ⓒ

→具備多樣設計的
各種筆記本
£1.50～15Ⓓ

→鳶尾花圖案的
卡片（10組）
£50Ⓒ

Ⓐ 別冊 MAP P17C3　●肖迪奇　Pitfield

散發兩位老闆的高品味

室內設計師與織品設計師兩
人合夥經營的個性化店家。
店內琳瑯滿目地陳列著老闆
自己的作品及他們精挑細選
的進口雜貨、復古家具。

DATA
交Ⓤ OLD STREET站步行4分　住31-35 Pitfield St.,
N1 6HB　☎020-7490-6852　時11～19時(咖啡廳7
時～)　休無休

Ⓑ 別冊 MAP P25A2　●肖迪奇　Luna & Curious

摩登且超現實的高質感雜貨

在由同為藝術家的人士共同
經營的商店裡，販售著停著
蝴蝶的器皿和剪紙畫風格的
假睫毛等創新又可愛的雜貨
及飾品。精選以當地的藝術
家作品為中心的商品。

DATA
交Ⓤ OLD STREET站步行10分
住24-26 Calvert Ave., E2 7JP　☎020-3222-0034
時11～18時(週日～17時)　休無休

---

50 源自英國的蕾絲作品品牌「UNDERCOVER」。有鮮亮的螢光色行事曆等，可以用平實的價格買到時尚漂亮的品項。除
了網路商店以外，在Selfridges(→P60)等處也有設櫃。

今天要戴
哪一個?!

↑下午茶時光不可或缺的
各種馬克杯£5左右**D**

→可以讓照片更加
亮眼的相框£20**D**

↑表情也很吸睛。女孩
造型胸針各£50**B**

雜貨

從點綴室內的室內擺設品到
日常使用的時髦用品等,
種類應有盡有

超可愛的
睡相!

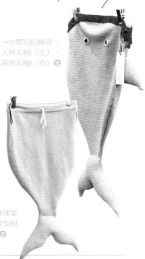

←小嬰兒的睡袋
人魚£80(左)、
鯊魚£90(右)**B**

↑繪有貝果店插畫的
抱枕£79**A**

Tower Bridge
Mini architectural model kit

Batter
Mini archi

←重現倫敦建築
物的迷你模型組
各£15.50**B**

C 別冊 MAP P22B2 ●梅菲爾

Smythson

皇室御用品牌!好看又好用的皮革製品

專營優質皮件的老店,以功能
性十足的記事本打響知名度。
每一張皆印有浮水印的紙張
既輕薄又不透墨,書寫時紙質
滑順深受好評。繽紛的色彩和
豐富的商品種類也很誘人。

> DATA　交ⓊBOND STREET站步行7分　住40
> New Bond St., W1S 2DE　☎ 020-7629-8558
> 時9時30分〜19時(週四10〜20時、週六10時〜、週
> 日12〜18時)　休無休

D 別冊 MAP P7C1 ●布隆伯利

Paperchase

這裡有很多可愛又好用的商品

除了有賀卡及包裝用品以
外,廚房&餐具、旅行、婚禮
用品等可廣泛利用的雜貨相
當齊全。五彩繽紛且輕巧好
用,很適合作為伴手禮。

> DATA　交ⓊGOODGE STREET站步行1分
> 住213-215 Tottenham Court Rd., W1T 7PS　☎
> 020-7467-6200　時8時30分〜20時(週六9〜19時、
> 週日12〜18時)　休無休

手工藝迷們一定要來走走

講究的材料堆積如山的
手工藝品店

倫敦身為流行服飾及劇場藝術之都，同時也保留著手工藝的傳統，
從專家到業餘玩家的客層相當廣泛。享受挑選獨特商品的樂趣，尋找自己喜愛的材質吧。

1.激起手工藝之心
的展示方式
2.充滿英國風味的
印花布料及有年代
的蒂羅爾繡緞帶，琳
瑯滿目

3.可將黃麻線裝
飾在抱枕邊緣。
£3.50／1公尺
4.手工紡織的棉
布。£14／1公尺

布料　別冊 MAP P23C1

慢慢地
尋找喜愛的
商品吧！

● 蘇活區

Cloth House

麻及木棉等天然材質相當豐富

長期經手布料的Jay先生開
設的天然材料行。手工印
染的藍染棉布和襯衫用的
亞麻布等，可以買到特殊
的商品。

DATA
交 ⓤOXFORD CIRCUS站步行6分
住47 Berwick St.,W1F 8SJ ☎020-7437-5155
時9時30分～18時（週六10時30分～）休週日

1.2.店內新舊鈕扣像博物館
般陳列。尺寸和設計、顏色
的變化多得驚人

3.即便是同樣大
小的鈕釦，顏
色、材質等也非
常多樣 4.清倉
品的琺瑯鈕釦1個
£5.80

鈕釦　別冊 MAP P21C4

也有外國製的
舊鈕釦喔

● 馬里波恩

The Button Queen

種類豐富的鈕釦令人眼花瞭亂

庫存量高達1萬件以上的鈕
釦專賣店。從經過藝術加
工的鈕釦到骨董鈕釦，可
以用平實的價格買到獨一
無二的商品。

DATA
交 ⓤBOND STREET站步行6分
住76 Marylebone Ln.,W1U 2PR ☎020-7935-
1505 時10時～17時30分（週六～15時）休週日

小小
資訊

倘若喜歡做手工藝的話，請務必前往Cloth House所在的Berwick St.（別冊MAP●P23C1）。那裡林立著個人經營的手
工藝店及布料的專賣店等商店，就連成衣業者和設計師也會前往尋寶。

and more…

名氣水漲船高的手工藝咖啡廳

天使區　別冊 MAP P16B1　**Ray Stitch**

也兼營手工藝店的咖啡廳，樓下還有教室。熱愛花紋的老闆收集的布料全都是一些非常可愛的花色。邊喝茶、吃蛋糕還可以一邊選購布料或翻閱手工藝書。

DATA
交Ⓤ ANGEL站步行8分
住99 Essex Rd.,N1 2SJ
☎020-7704-1060　時9時～18時30分（週日11～17時）休週一

1．店內總是聚集著手工藝玩家，相當熱鬧　2．可以一面喝茶、一面選購布料或翻閱相關書籍

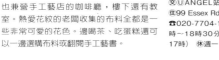

1．小巧可愛的店內陳列著毛線及手工藝材料、布偶、珠串等商品擺飾等

2．染的種類紛紛五色也應有盡有

3．Sally Nencini製作的動物玩毛42元娃娃組

4．進口的毛線的毛料£24／125色

毛線　別冊 MAP P16A2

英國有很多編織愛好者喔

Loop

高級又有個性的毛線寶庫

陳列嚴選自世界各地五顏六色的毛線，店內總是擠滿熱愛編織的客人。也販售羊毛產地才會有的有機和純手工染製等珍貴毛線。

DATA
交Ⓤ ANGEL站步行4分　住15 Camden Passage.,N1 8EA　☎020-7288-1160　時11～18時（週四～19時30分、週日12～17時）休週一

1．1F的緞帶賣場，樓下陳列著流蘇及羽毛

2．各種緞帶£1.99／1公尺。光是紅色系列就有數多種

3．豪華的裝飾品售價£49

緞帶　別冊 MAP P21C3

想找什麼隨時都歡迎問我們喔

V V Rouleaux

專業的設計師也會前來採購

店名是「多麼美好的緞帶」之意，店如其名，緞帶及流蘇、蕾絲等，風格多元的裝飾用素材琳瑯滿目。也可以請教工作人員的意見。

DATA 交Ⓤ BOND STREET站步行7分
住102 Marylebone Ln.,W1U 2QD　☎020-7224-5179　時9時30分～18時（週三10時30分～、週四～18時30分）休週日

Covent Garden | SOHO | Mayfair Marylebone | Westminster | City Southbank | Notting Hill | Knightsbridge Chelsea | Shoreditch

53

成熟可愛風格的重點購物區①

滿街都是可愛的商品
馬里波恩高街

街上有許多時尚的精品店、可愛的咖啡廳、以及充滿流行感的雜貨店等讓人情不自禁想走進去的路面店。散步的同時，不妨找找感興趣的店家吧。

一往Ⓤ BAKER STREET站

Marylebone Rd.

住Ⓤ REGENT'S→
PARK站

貝克街車站內
有夏洛克．福
爾摩斯的馬賽
克壁畫

B

A

🐾街頭漫步POINT
Marylebone Rd.到
Ⓤ BOND STREET站
約1公里。大致地逛
一圈需要2小時左
右。街道兩旁還有商
品種類很齊全的慈善
公益商店（由慈善團
體經營的二手商
店）。

Beaumont St.

Devonshire St.

The Natural
Kitchen P75

Emma
Bridgewater
P43

D

馬里波恩高街

Weymouth St.

C

Cramer St.

Marylebone High St.

New Cavendish St.

The Golden Hind
P70

Content Beauty
P65

V V Rouleaux
P53

一往Ⓤ BAKER STREET站

The Button
Queen P52

E

Jubilee Line

BOND
STREET站

當地人也都很
喜歡的購物街

A | 別冊 MAP P21C1 | **The Conran Shop**

時尚的生活風格提案

著手家具、餐具、日常用品等居家設計的大師泰倫斯．康藍爵士經營的商店。設計感自然不在話下，重視功能性的品項也是一大特色。店內的陳設也相當具有參考價值。

→香味令人
陶醉的香氛
蠟燭 £60

←也有很多可愛的
商品，例如絨毛
玩具 £29～

DATA
交Ⓤ REGENT'S PARK
站步行6分
住55 Marylebone High
St.,W1U 5HS
☎020-7723-2223
時10～19時（週日11～
18時）
休無休

←裝在手機上就變成復古
話筒 £29.99

B | 別冊 MAP P21C1 | **Toast**

相當講究材質的
英國品牌

誕生於威爾斯，追求高品質，穿起來很舒適的自然風品牌。帶有懷舊感的針織衫和睡衣是永不退流行的經典商品。每月發行的型錄也有很高的評價。馬里波恩店在2012年開幕。

1
2
3

1.清爽的海軍細條紋上
衣 £59
2.觸感十分柔軟的絲巾
£79
3.寬大的玫瑰印花連身
洋裝 £159

DATA 交Ⓤ REGENT'S PARK站步行6分
住44 Marylebone High St., W1U 5HF
☎020-7486-9272　時10～18時（週四～19時、
週日11～17時）　休無休

54

小小資訊　每週六在大街北側的聖馬里波恩教區教堂（別冊MAP●P21C1）前院會舉辦「Cabbages & Frocks Market」，熱鬧非凡，地林立著手工製的飾品及二手衣的商店等。

陳列著有些年代的餅乾及糖果罐等

and more…

倫敦規模最大的室內骨董市集

貓咪圖樣十分可愛的復古糖果罐£18

倫敦西北部 別冊MAP P2B2

阿飛骨董市集
Alfies Antique Market

在宛如迷宮般的四層樓裡滿心期待地尋寶

市集內裝飾精美的小巧店家雲集，一踏進去就像闖進迷宮裡一般。網羅銀製品、珠寶、二手衣等個性化商品，當中甚至有出土古物。由於是室內市集，下雨時前往也很方便。

DATA 交⑪EDGWARE ROAD站步行10分 住13-25 Church St.,NW8 8DT ☎020-7723-6066 時10～18時 休週日、一

C 別冊MAP P21C2

Rococo Chocolates

傳說中的有機巧克力

據說老闆對加勒比海的小國格瑞那達產的優質可可豆一見鍾情，在店裡可以吃到用這種可可豆製成的有機巧克力。使用了水果和香料等，口味的變化也很豐富。每2個月推出一次的季節限量巧克力在粉絲間也掀起話題。

DATA 交⑪BAKER STREET站步行10分 住3 Moxon St.,W1U 5HG ☎020-7935-7780 時10時～18時30分(週日、一11～18時) 休無休

1

2

3

1. 入口即融的玫瑰香檳松露巧克力£14.95
2. 包裝裡非常可愛的貓咪甘納許禮盒£16.50
3. 巧克力片各£4.50

可愛的包裝也很有魅力喔

D 別冊MAP P21C2

Matches

老字號的精品店

開店至今20餘年，總是以精準犀利的觀點挑選商品的店家。網羅Giles和Christopher Kane、Mary Katrantzou等倫敦代表性的新銳設計師相當豐富的作品。

1

2

1. 各式各樣的晚禮服一應俱全£100～6000
2. 亞歷山大·麥昆的手拿包£1000上下

DATA 交⑪BAKER STREET站步行8分 住87 Marylebone High St., W1U 4QU ☎020-7487-5400 時10～19時(週日12～18時) 休無休

E 別冊MAP P21C4

TN 29

店家獨家設計的暢銷鞋款

不盲目追求流行，以只此一家、別無分號的獨特設計獲獎無數的Tracey Neuls的鞋子品牌。無論哪一雙的造型都非常個性化，在設計上也考慮到功能性，穿起來很舒適，大受好評。

1
2
3

1. 螢光橘讓人從腳底就跟著流行的尖端£165
2. 穿起來非常舒服的各種靴子£200左右
3. 有著個性化設計的女鞋約£200～400左右

DATA 交⑪BOND STREET站步行5分 住29 Marylebone Ln.,W1U 2NQ ☎020-7935-0039 時11時～18時30分(週六、日11～17時) 休無休

Covent Garden | SOHO | Mayfair Marylebone | Westminster | City Southbank | Notting Hill | Knightsbridge Chelsea | Shoreditch

55

成熟可愛風格的重點購物區②

最流行的商品就在這裡
肖迪奇

如今，倫敦所有愛好時尚的女孩都聚集在肖迪奇。小巧的精品店林立，不妨前去找找散發老闆和設計師的品味、充滿個性的單品吧。

A 別冊 MAP P25A1 **Jasper Morrison Shop**

簡約中散發個性魅力

以「超乎平常」為設計概念，販賣著刀具、刀叉及廚房用品、室內擺飾等物品的店。特色在於追求使用上方便性的同時，兼具洗練的設計。店內充滿適合任何一種空間的設計師商品。

DATA
交Ⓤ OLD STREET站步行10分
住24b Kingsland Rd., E2 8DA ☎非公開
時11～17時 休週六、日

1.按下大馬路旁門上的電鈴，走進去即星商店 2.有許多兼顧實用性和設計性的商品 3.塑膠水壺£15 4.堅固的鐵製胡桃鉗£24可以用上一輩子

B 別冊 MAP P25A2 **Ally Capellino**

收納性極佳的休閒包款

1980年時由女性設計師Alison Lloyd創設。肩背包及托特包等使用了防水帆布的包包在日本也很受歡迎。不受流行左右的設計，簡單大方又具有獨特性，和各種風格的服飾搭配都很適合。

1.也販賣錢包等皮件 2.琳瑯滿目的托特包£100～上下 3.各種形狀十分別緻的肩背包£300左右

DATA
交Ⓤ OLD STREET站步行10分
住9 Calvert Ave., E2 7JP
☎020-7033-7843 時11～18時
（週日～17時） 休無休

C 別冊 MAP P25B2 **Tatty Devine**

Made in London的小雜貨

充滿個性化商品的熱門店家。由2位女性藝術家──Rosie和Harriet成立，運用壓克力等材料的獨特飾品，幾乎全部都是純手工製作。此外，塗鴉風格的文具和流行商品也琳瑯滿目，相當齊全。

1.據說是以占卜師的珠寶為設計概念的戒指£35 2.用銀製的線子組合而成的手環£75 3.光鮮亮麗的店內展示。首飾£15～

DATA
交Ⓤ LIVERPOOL STREET站步行18分 住236 Brick Ln., E2 7EB ☎020-7739-9191 時10時～18時30分（週六11～18時、週日～17時） 休無休

 小小資訊 位在肖迪奇的史派特市集（→P58）和紅磚巷Brick Lane（別冊MAP●P25B3）等室內型設施內，也有好幾個小型的室內市集，下雨天也能舒適地購物。特別推薦在眾多店家聚集的週末前往。

D 別冊 MAP P25B1 Ryantown

剪紙畫藝術家的作品琳瑯滿目

風格細膩又具有品味的知名剪紙畫藝術家Rob Ryan開設的店面。號稱每週都有新作品進貨的磁磚和明信片、海報等的印刷作品,每一件都是小批量製作。

DATA 交ⓊLIVERPOOL STREET 站步行16分 住126 Columbia Rd., E2 7RG ☎020-7613-1510 時週六12~18時、週日10~16時(週一~五只接受預約。請寄至shop@robryanstudio.com) 休無休

1. 這家透過暖色調引來很多收藏家。2. 磁磚約£26 3. 印刷的每幅畫約£200~400左右,也有£3~起的明信片等便宜的商品

E 別冊 MAP P25B2 Labour & Wait

設計、功能都很出色的商品

前男裝設計師在2000年開設的店。店內充滿簡單卻具有出色設計感的廚房用品和手提包等商品。每一件商品使用起來都相當順手,且非常耐用。

DATA 交ⓊLIVERPOOL STREET站步行13分 住85 Redchurch St. E2 7DJ ☎020-7729-6253 時11~18時 休週一

1. 店裡去賣精緻講究的掃除用品與廚房用品 2. 充滿古色的煮茶壺 £55

F 別冊 MAP P25B2 Bernstock Speirs

成為時尚的焦點

1982年由Paul Bernstock和Thelma Speirs開設的帽子品牌。有毛線帽和鴨舌帽等,特色是個性化的設計和用色。不妨作為服裝穿搭的主角吧。

DATA 交ⓊLIVERPOOL STREET站步行18分 住234 Brick Ln., E2 7EB ☎020-7739-7385 時11~18時 (週六、日~17時) 休週一

1. 上頭有著小毛球裝飾的毛線帽約£110 2. 充滿古色的獨家商品相當豐富

🐾 **街頭漫步POINT**

最近的車站SHOREDITCH HIGH STREET站是倫敦地上鐵的車站,從市內不好搭乘。所以從市內前往時,一般都是搭到地鐵中央線的LIVERPOOL STREET站。建議從車站再搭乘計程車前往。

HOXTON STN.

Kingsland Rd.

Ravenscroft St.

Hackney Rd.

● Que Viet P76

會舉行花市 (→P110)

Columbia Rd.

Vintage Heaven P40

● Angela Flanders Perfumer P111

Virginia Rd.

Luna & Curious P50

● Leila's Shop P111

康藍爵士所設計的複合設施「Boundary」 (→P110)

Brick Ln.

Bethnal Green Rd.

● Le Grenier P41

Redchurch St.

中央線

Brick Ln.

SHOREDITCH HIGH STREET STN.

在Allpress Espresso (→P79) 喝杯咖啡歇歇腳

倫敦地上鐵

Cheshire St.

往ⓊLIVERPOOL STREET站

往ⓊOLD STREET站

Shoreditch High St.

Shoreditch HIGH STREET站

購物 肖迪奇

Covent Garden | SOHO | Mayfair Marylebone | Westminster | City Southbank | Notting Hill | Knightsbridge Chelsea | Shoreditch

57

類型五花八門，因此不妨以尋寶的心情出發

前往4大市集
當個骨董獵人吧

以週末為主，在各地展開的市集。除了一定會有的骨董，也有販賣最新流行單品的店家。
不妨前往現今倫敦最受歡迎的4大市集尋寶去。

肖迪奇　別冊MAP P25A4

史派特市集
Spitalfields Market

當紅地區的最頂尖市集

每天舉辦的「交易市場」裡，可以買到別具風格的新進設計師洋裝、手工藝品雜貨。週六的「週六風格市集」人潮更是洶湧。

£22.50　£15　£8　£5

1　2　3　4

1.鞋楦也可以作為室內擺設　2.非常搶眼的工具箱　3.60年代的地球儀　4.彼得潘的骨董書

類型LIST
・流行服飾
・飾品
・雜貨
・骨董
・繪畫　等

也有常設的商店和美食區

DATA
交 ⓤLIVERPOOL STREET站步行5分
住 105a Commercial St.,E1 6AA
☎020-7247-8556　時10～17時(週六11時～、週日9時～)　休無休

諾丁丘　別冊MAP P4A2

波特貝羅市集
Portobello Market

行家經常前往的歐洲最大規模骨董市集

每週六舉辦的骨董市集最為出名。每次都有好幾萬人次造訪，甚至是專業的行家也會前去洽談生意。以骨董為中心，聚集著種類豐富的商店，也有餐飲攤販和街頭藝人。

£5　£5　£8　£3.50

1　2　3　4

1.骨董啤酒杯　2.伊莉莎白女王馬克杯　3.Meakin的杯盤組　4.各國的貓咪郵票

類型LIST
・陶瓷器
・飾品
・繪畫
・二手衣
・雜貨　等

全長1公里的街道上商店林立

DATA
交 ⓤLADBROKE GROVE站步行3分
住 Portobello Rd.,W10 5TA　☎020-7727-7684
時9～18時(週四～13時，週五、六～19時)
休週日

小小知識　由於每個市場都很擁擠，請千萬要當心扒手和順手牽羊的小偷。此外，請注意應有的禮節，勿硬是討價還價。買東西的訣竅在於和老闆博感情，只要聊開了，有時老闆就會自動降價。

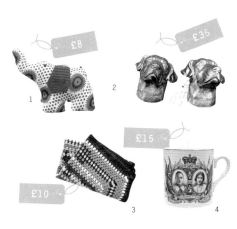

£8

£35

1

2

£15

£10

3

4

1.以產自肯亞的布料製成的玩偶　2.骨董黃銅製的門擋掛勾
3.以溫暖感的小珠編織成　4.將英國皇室馬克杯客製化成飾鈕

百老匯市集
Broadway Market

吸引女生的可愛商品寶庫

每週六舉行的熱門市集。從London Fields公園到攝政公園全長150公尺的大街沿途，有許多販賣飾品和手工藝品等可愛商品的店家。此外，也以食材種類齊全聞名，可以買到新鮮的蔬菜和水果、漁貨等。

購物

4
大
市
集

上/也有很多餐飲的攤販，可以大快朵頤　右/也有純手工製的獨一一件商品

DATA
交英國國鐵LONDON FIELDS站步行5分
住Broadway Market.,E8 4PH
☎非公開
時9～17時(視店家而異)　休週日～五

類型LIST
・飾品
・雜貨
・二手衣
・食品
・花　等

1

£145

£45

£15

£3～

3

4

2

1.手工製胸針　2.石榴石銀戒指　3.弗萊登小弟是很受歡迎的肯特郡偶…摘下帽子就成(調味料罐)(內裝糖粉)，是70年代的作品
4.Susie Cooper的陶瓷盤子

肯頓走廊
Camden Passage

巷弄中內行人才知道的骨董市集

位在Upper St.轉進去的一條小巷弄內的骨董市集，又稱為天使市集。每週三和週五～日會擺攤，狹窄的小路兩旁和廣場裡，販售陶瓷器和銀製品等骨董的店家一家接著一家。由於不太擁擠，可以仔細賞玩也是這市集吸引人的地方。

上/也別錯過巷弄裡的可愛小店　右/裡的收售有這種器具！

DATA
交U ANGEL站步行3分
住Camden passage,N1 8EA
☎非公開　時9～18時(週五10時～、週日11時～)
休週一、二、四

類型LIST
・陶瓷器
・銀製品
・骨董鐘錶
・二手衣
・舊書　等

要去哪一家百貨公司!?
在老字號百貨公司 尋找獨家商品

從流行服飾到日常用品、食品等，應有盡有的百貨公司是行程緊湊的觀光客的最佳選擇。
由於每家店的獨家商品都很齊全，肯定可以找到自己喜歡的東西。

騎士橋 | 別冊 MAP P19C2 | ## Harrods

吸引全世界的貴婦名流
洋溢傳統與氣質的高級百貨公司

於1849年創業，是英國第一家在店內設置電梯的百貨公司，總是引領時代潮流。包括每年都會改變設計的年度熊在內，有很多加了商標的獨家商品。裝潢也很有看頭，其中最不容錯過的就屬古埃及王朝風格的埃及廳。另外，購物時累了的話還可以到知名的美食廳小憩片刻。

DATA
交Ⓤ KNIGHTSBRIDGE站步行1分　住87-135 Brompton Rd., SW1X 7XL　☎020-7730-1234
時10～20時（週日11時30分～18時）　休無休

1.在林立著高級店的地區也顯得獨立雞群，晚上還會點上燈光

裝潢採古埃及風

2.陶兵熊玩偶£19.95
3.復古的戳章圖案手提包（小）£19.95

馬里波恩 | 別冊 MAP P6B2 | ## Selfridge

設計風格很前衛的
女裝流行寶庫

雖是創業於1909年的老字號，卻可以買到早一步掌握當季潮流的商品，相當受到好評。店內經手3000個以上的品牌，其中最推薦的是獨家的「Miss Selfridge」（→P49）。除此之外，有機美妝品和文具等加入流行元素的商品最適合作為伴手禮。

DATA
交Ⓤ BOND STREET站步行1分　住400 Oxford St., W1A 1AB　☎0800-123-400　時9時30分～21時（週日11時30分～18時15分）　休無休

1.重新整修過的鞋子賣場變得很漂亮，請務必一逛

小卡片也一應俱全！

2.楔型高跟鞋£69～　3.巴黎的香水品牌「diptyque」的蠟燭£20～

60 小小資訊 規模較大的百貨公司大多會提供將購買的商品送達下榻飯店的配送服務。費用每家不盡相同，有的百貨公司只要消費達到一定金額就可以免費配送，不妨詢問看看。

別冊 MAP P22B1

Liberty

蘇活區

都鐸王朝風格的建築物

創業於1875年的老字號，都鐸王朝風格的建築物相當顯眼，還可以感受到木質的溫暖。除了代表該百貨公司的Liberty印花（→P42）商品以外，也推出專賣該公司品牌的精品店「Liberty of London」。可以找到發揮其品牌精神的精緻獨家商品。

```
DATA
交ⓊOXFORD CIRCUS站步行3分 住Regent St.,
W1B 5AH ☎020-7734-1234 時10～20時（週
日12～18時）休無休
```

1.匠心高設計的館內 2.金色印花手表£59 3.掌色的金屬色化妝包£95 4.小巧松露巧克力£11.50

1.展示令人眼睛為之一亮的樓層 2.黑白色系的包裝令人印象深刻的餅乾£8.50 3.草莓口味的夾心糖£7.50

別冊 MAP P19D1

騎士橋

Harvey Nichols

運用黑白照片的商品掀起話題

對於時尚十分敏銳的倫敦人鐘愛的百貨公司。獨家商品的包裝印上黑白照片相當酷炫，蔚為話題。從百貨到食品，商品陣容多元琳瑯滿目，頂樓的食品賣場也相當充實，建議可上去瞧瞧。

```
DATA
交ⓊKNIGHTSBRIDGE站步行1分 住125
Knightsbridge, SW1X 7RJ ☎020-7235-5000
時10～20時（週日11時30分～18時）休無休
```

別冊 MAP P22A1

馬里波恩

John Lewis

手工材料應有盡有的平民化百貨公司

以「比任何地方都便宜」的廣告標語為人所知，價格平易近人，而且品質優良，是深受英國人信賴的百貨公司。從衣服到生活百貨，基本上都買得到。尤其是手工藝用品，品項齊全堪稱倫敦第一。

```
DATA
交ⓊOXFORD CIRCUS站步行3分 住300 Oxford
St., W1A 1EX ☎020-7629-7711 時9時30分
～20時（週日12～18時）休無休
```

1.館內以白色為基調，相當整潔乾淨 2.用椰子殼製成的鈕扣£3.75 3.附有揹帶的小椅子£15~

Covent Garden | SOHO | Mayfair Marylebone | Westminster | City Southbank | Notting Hill | Knightsbridge Chelsea | Shoreditch

61

可愛又便宜的商品寶山

平價的伴手禮都在 超級市場&藥妝店

如果想要買送給朋友或公司同事『分送用』的伴手禮，請前往超級市場&藥妝店。
紅茶和餅乾等經典款到藥妝品等，可以找到價格合理、模樣討喜的商品！

鹽和辣椒等
稀奇口味

GREEN & BLACK'S的巧
克力
（各£2.19）

有機的巧克力。奶油
糖果、香辣、海鹽等
種類也很豐富

Kent & Fraser的
香草&核桃奶油酥餅
（£2.69／125克）

用產自馬達加斯加的香
草和核桃製成的無麩質
奶油酥餅

食物

WILKIN & SONS公司的
草莓果醬
（£2.19／340克）

1885年創業的皇室御用果醬公
司。草莓及維多利亞李子等種
類繁多

粉末狀
方便好用

Colman's公司的
芥末粉
（£1.35／57克）

1814年創業，也榮獲
皇家認證（→P23）
的公司所生產的芥末

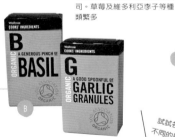

Waitrose
獨家·有機羅勒
（£1.49／13克／
左）
和大蒜粉
（£1.89／65克／
右）

堅持有機栽培的羅勒
和胡椒經過乾燥加
工，風味更佳

高湯塊的
始祖

OXO的高湯塊
（各£1.25／72克）

1847年首度問世的高
湯塊，有牛肉、雞
肉、蔬菜等口味

試試各種
不同的風味

Clipper的茶包
（£1.29～／1盒）

檸檬香味的綠茶、覆盆莓、
英式早餐茶等（照片的商品
為£1.89～）

62

Check!

也別錯過由查爾斯王儲監製的高品質食品!

「Duchy Originals」是由查爾斯王儲著手企畫的高級食品品牌。在「Waitrose」可以買到。

牛油酥餅£1.99等,有許多可以便宜購買的商品

藥妝品&護髮產品

使用起來
十分清爽

EUTHYMOL的牙膏
(£2/75mℓ)

包裝很有設計感,從以前就沒有變過的粉紅色牙膏非常受歡迎

Barry M的指甲油
(£2.99/10mℓ)

具有傑出的快乾性,顏色多達20種以上,全都是閃閃發亮、光澤耀眼、非常漂亮的指甲油

method的洗手液
(£2.50/354mℓ)

除了有粉紅葡萄柚的香味,還有薰衣草、植物園的香味等

讓洗手變成
一種樂趣

心曠神怡的
香味

蘆薈&薄荷的護唇膏
臉、手、身體皆可用
(£4.99/17mℓ)

有機化妝品名牌「Figs&Rouge」的蘆薈&薄荷香味的護唇膏

Eylure與凱蒂佩芮合作的
假睫毛(£6.95)

歌手凱蒂佩芮與假睫毛品牌「Eylure」合作的產品

A ● 別冊 MAP P7C1 ●布隆伯利 Sainsbury's

特價品的種類相當豐富

從食品到日常用品,商品種類琳瑯滿目。該超市自有品牌的商品非常值得購買。熟食區尤其應有盡有,還有麵包店和咖啡廳等。

DATA 交UGOODGE STREET站步行4分 住29-35 Mortimer St.,W1T 3JG ☎020-7631-4639 時7～23時(週日12～18時) 休無休

B ● 別冊 MAP P10B2 ●肯辛頓 Waitrose

自由品牌商品頗具好評

「John Lewis」(→P61)旗下的高級超市。自有品牌的食品令人眼花撩亂,而且品質都很好。

DATA 交UGLOUCESTER ROAD站步行1分 住128 Gloucester Rd.,SW7 4SF ☎020-7370-2424 時7時30分～22時(週六8～21時、週日12～18時) 休無休

C ● 別冊 MAP P10A1 ●肯辛頓 Whole Foods Market

對身體有益的自然風超市

販賣新鮮的有機蔬菜、不使用添加物的食材、不添加防腐劑的藥妝品等有機產品的超級市場。天然的營養補充品也很受歡迎。

DATA 交UHIGH STREET KENSINGTON站步行3分 住63-97 Kensington High St., W8 5SE ☎020-7368-4500 時8～22時(週日12～18時) 休無休

D ● 別冊 MAP P23C3 ●蘇活區 Boots

平日營業到24時

倫敦市內各地都有的大型連鎖藥妝店。有獨家的美妝品系列等,是網羅便宜且優質的商品的寶庫,也販售食品。

DATA 交UPICCADILLY CIRCUS站步行1分 住44-46 Regent St.,W1B 5RA ☎020-7734-6126 時8～24時(週六9時～、週日12時30分～18時30分) 休無休

購物 超級市場&藥妝店

Covent Garden | SOHO | Mayfair Marylebone | Westminster | City Southbank | Notting Hill | Knightsbridge Chelsea | Shoreditch

63

利用源自天然的溫和魔力變身裸肌美人

讓有機美妝品
找回天然純淨的美麗

想要擁有滑溜水嫩的肌膚，請別錯過內含大量溫和親膚的植物精華成分的有機美妝品。
使用起來相當舒適，天然的香氣和讓人聯想到大自然的包裝也很吸引人。

含有乳香配方，最暢銷的乳霜£24.75

2011年榮獲英國抗老化產品獎，質地
輕爽服貼的美容液£42.50

馥郁的香味與濃厚的滋潤度，呵護雙手
的護手霜£10

招牌的眼部凝膠能讓肌膚迅速吸收，膚
觸清爽，能明亮眼周£11.50

滋潤肌膚，同時徹底洗滌髒污的杏仁油
香皂£8.95

薑與檸檬的香味十分清爽的保濕乳液
£17.50

A 別冊 MAP P24A1 ●柯芬園 Neal's Yard Remedies

香氛產品一應俱全

1981年創業，是英國第一家榮獲認定的有機健康&美容
企業的第一家分店。只採用精選的天然素材製成的高品
質精油、臉部&身體保養品等，種類琳瑯滿目。

DATA 交⒰COVENT GARDEN
站步行3分 住15 Neal's Yard,
WC2H 9DP ☎020-7379-
7222 時10～19時(週四～19時
30分、週日11～18時) 休無休

B 別冊 MAP P23C4 ●梅費爾 D.R.Harris

超越時代、廣受支持的保養品

創業200年以上，是倫敦最古老的藥妝店之一，同時也是
英國皇室的御用品牌，非常有名。肥皂和古龍水等商品皆
採用自古以來的作法，仔細製作而成的產品，對頭髮和身
體都很溫和，不分男女老幼，受到相當廣大的支持。

DATA 交⒰GREEN PARK站步
行5分 住35 Bury St.,SW1Y 6AY
(裝修時的臨時店面，預定至
2015年9月前) ☎020-7930-
3915 時8時30分～18時(週六9
時30分～17時) 休週日

小小
知識

英國深受有機文化的洗禮，大約80%的有機產品都通過因為審查得比EC的一般標準還要嚴格而聲名大噪的英國有機認
證機構「土壤協會(Soil Association)」的檢驗合格。

and more… 如果想要接受護膚療程

 柯芬園 別冊 MAP P24A1 ## Neal's Yard Remedies Therapy Rooms

就開在Neal's Yard Remedies（→P64）附近的芳療室，提供使用植物性精油的護膚療程等服務。特別推薦的方案是臉部按摩療程 £35／60分鐘。

DATA 交◎COVENT GARDEN站步行3分　住2 Neal's Yard,WC2H 9DP　☎020-7379-7662　時9～21時（週五～19時、週六10時～18時30分，週日9時45分～18時30分）　休無休

購物　有機美妝品

C
使用了公平交易的土耳其產香桃木的「ama la」乳身粉£59

C
乾燥肌&敏感肌的人都可以使用的「pai」化妝水£28

C
源自英國的抗老化品牌「OSKIA」大肉質面膜£46

D
方便攜帶的大小規貼心的護唇膏£5，也很適合買來送人

D
散發綠香調的清涼香氣，不會黏膩的室內擴香£36

D
外觀也很可愛的洗手乳與護手乳的組合£30

C 別冊 MAP P21C3 ●馬里波恩 ## Content Beauty

連冷門的品牌也找得到

多樣化的有機品牌，積極地在第一時間介紹無化學添加的美妝品在不斷進化下的頂尖產品。不僅是保養品，也販售護髮和化妝用品、營養補充品等全方位的商品。

DATA 交◎BOND STREET站步行5分　住14 Bulstrode St.,W1U 2JG　☎020-3075-1006　時10時30分～18時（週二、四～19時）休週日

D 別冊 MAP P23C1 ●蘇活區 ## Cowshed
Cowshed

富含香草香氣的護膚保養品牌

使用了從世界各地精挑細選，100%純淨天然的精油和剛萃取出來的香草精華，講求品質的商品，只有高級的護膚品牌才能提供這種奢華感。輕輕地擴散開來的馥郁香氣讓心靈和身體都得到撫慰。

DATA 交◎OXFORD CIRCUS站步行3分　住31 Fouberts Pl.,W1F 7QG　☎020-7534-0870　時10～21時（週一、二～20時，週六～19時，週日11～18時）　休無休

下雨天的搭配就決定是這一件了♪

回國也可以使用！ 雨具

在號稱一年約有一半的時間都在下雨的英國，雨具廠商會陸續推出新商品。
因為都是些時尚充滿幽默感的單品，讓人忍不住期待起下雨天來。

↑量身訂製的動物頭傘柄系
列，非前的材質和動物造型都
可任選自己喜歡的。動物造型
有10種以上～£75～ Ⓐ

←→防潑水性十分
出色的Burberry風
衣。經典款修身版
的「Westminster」
黑色（左）和流
行款修身版的
「Kensington」
蜂蜜色（右）各
£1195（可以
在Burberry
→P47購得）

←↓顏色和款式可以任選
的HUNTER雨靴£44.95
～（可在Harrods→P60
購得）

↗水滴顏色會隨著
濕度變化的折傘£25Ⓑ

↗LONDON UNDERCOVER
的折傘是以倫敦的知名美食為
設計主題，各£28（可以在
Liberty→P61購得）

Ⓐ
別冊 MAP P7D2
●柯芬園

James Smith & Sons

維多利亞時代延續至今的老字號傘店

創業於1830年，是倫敦唯一一家傘和拐杖的專
賣店。地下室的工作室現在也還繼續製作自家的
產品。拐杖和傘的長度可以配合身高調整的服務
大受好評。

DATA
交Ⓤ TOTTENHAM COURT
ROAD站步行5分
住Hazelwood House, 53 New
Oxford St. ,WC1A 1BL
☎020-7836-4731
時10時～17時45分（週二11時
～、週六～17時15分）休週日

Ⓑ
別冊 MAP P8A3
●南岸區

Suck UK

康藍爵士掛保證的獨家商品

店內陳列著獨特且充滿玩心的商品，從小東西到
居家設計用品等相當多樣化，全部都是可以讓日
常生活更加有趣的物品。變色傘也是原創的商品
之一。

DATA
交Ⓤ WATERLOO站步行10分
住OXO Tower, 1st Floor,
Riverside, Bargehouse St. ,SE1
9PH ☎020-7928-0855
時10～19時（週五～18時，週
六、日～17時30分）
休無休

小小資訊 創業於1868年的FOX UMBRELLAS也是很有名的老字號廠牌，在大型的百貨公司可以買到。此外還有很多伴手禮店，
都售有便宜價格的英國米字旗圖案折傘和透明傘。

人人出版股份有限公司

23145 新北市新店區寶橋路 235 巷 6 弄 6 號 7 樓

郵撥：16402311　人人出版股份有限公司

人人出版
www.jp.com.tw

姓名：＿＿＿＿＿＿＿

職業：＿＿＿＿＿＿　性別：男／女　生日：＿＿＿年＿＿＿月

學歷：□國中 □高中 □大專（大學） □研究所（含以上）

電話：（宅）＿＿＿＿＿＿（手機）＿＿＿＿＿＿

地址：□□□

e-mail：＿＿＿＿＿＿＿＿＿＿

人人出版・讀者回函卡

回函可直接投郵寄回或傳真本公司，傳真專線：(02)2914-0000

首先感謝您對人人出版的支持，由於您的回應我們才能更了解您的需要，繼續提供給您更好的出版品。麻煩請您回答下列問卷。謝謝您的支持！

購買書名：

系列名稱：

□ co-Trip 日本小伴旅：□ 哈日情報誌：□ 人人遊世界：□ 00的世界：□ 人人遊日本：□ 00的日本：□ 其他

購買年月：_____ 購書自：□ 門市 _____ 書店：□ 網路書店：□ 親友贈送：□ 其他

整體滿意度：□ 非常喜歡：□ 喜歡：□ 普通：□ 不喜歡：□ 非常不喜歡

您為什麼會購買本書？（可複選）

□ 推薦路線：□ 地圖好用：□ 開本好攜帶：□ 旅遊地點：□ 封面設計：□ 觀光景點：□ 店家內容資訊：□ 書籍價錢：□ 其他

請問您這次旅行的方式？□ 旅行團：□ 自由行：□ 其他

請問您這次的旅行天數？ _____ 天 _____ 夜

前往本書中介紹的景點後，實際上的感覺如何？

您希望接下來出版的旅遊地點是？

您對本書或本公司的建議：

美食

英國的食物不好吃……這已經是過去的事了。

從明星主廚大展身手的現代英國菜、

到餐點非常美味的美食酒館、異國美食等，

倫敦的食物如今仍在進化當中。

讓美食家也為之傾倒
明星主廚的餐廳

為大家介紹足以代表倫敦的明星主廚開的店。其中，將英國傳統美食以獨創的手法呈現的
『現代英國菜』和『法式英國菜』正大行其道。不妨出發尋找那完美的佳餚。

●騎士橋

Dinner by Heston Blumenthal

賦予中世紀的英國菜現代風

3星主廚Heston Blumenthal開的餐廳，以
「賦予14世紀以來的英國菜新生命」為概
念。將肉類和魚用心烤熟，凝聚食材的美
味，再以奠基於分子烹調法的醬汁調味，可
說是色香味俱全。

© Alisa Connan

Heston Blumenthal
1995年在倫敦郊外開
了一家「Fat Duck」。
運用了科學原理的烹
調法，使他素有「廚房
裡的錬金術師」封
號。

DATA
交Ⓤ KNIGHTSBRIDGE站步行2分　住66
Knightsbridge,SW1X 7LA　☎020-7201-3833
時12時～14時30分、18時～22時30分
休無休　☑需訂位　□有著裝規定

1．重現1820年代肉類大餐的烤伊比利亞豬排£36
2．於2011年在高級飯店「文華東方酒店」內開幕

© Ashley Palmer-Watts

Anna Hansen
在「The Providores」
（馬里波恩）的時期，
曾榮獲「The Catey
Awards」的新人獎。
因其獨樹一格的菜色
而備受矚目。

●克勒肯維爾

The Modern Pantry

倫敦最受矚目的女主廚開的餐廳

主廚出身自紐西蘭。可以品嘗到以英國美食為
基礎，再加入各國要素的無國界美食。雖然是
刊登在米其林指南的餐廳，但輕鬆休閒的氣氛
也是該店受歡迎的秘訣。附設有咖啡廳。

DATA
交Ⓤ FARRINGDON站步行5分　住47-48 St
John's Sq.,EC1V 4JJ　☎020-7553-9210
時12～15時、18時～22時30分（週六、日的午餐
11～16時）　休週日的晚餐時段
☑需訂位　□有著裝規定

1．用產自新喀里多尼亞的砂糖醃漬的蝦子蛋捲£9.20
2．店內十分整潔，充滿女主廚的風格。也有前菜和主餐共
£21.50的優惠午餐菜單

小小資訊

平日從早上7時就開始營業的「Bread Street Kitchen」。從西點和咖啡全套的英式早餐等，可以配合當天的心情享用早
餐。

Chef's Profile

●柯芬園

別冊 MAP P24B2

法式英國菜

Tom's Kitchen Somerset House

法國菜主廚新開闢的戰場

代表英國法式料理界的名廚湯姆艾肯斯企圖挑戰現代英國菜而開設的餐廳。在使用了當季食材的單純英國傳統美食中，加入法國菜的元素，呈現美味佳餚。

© Jason Lowe
Tom Aikens
在「Pied a Terre」等名店大顯身手之後，在切爾西開了「Tom Aikens」。英國版的「料理鐵人」節目令他聲名大噪。

DATA
交 ⓊCOVENT GARDEN站步行10分
住Somerset House, Strand.,WC2R 1LA
☎020-7845-4646　時12～15時（週六、日早午餐10～16時）、18～22時　休無休
☑需訂位　□有著裝規定

1.烤羔羊臀，佐博羅特豆和烤番茄£21
2.座落在18世紀建造的珍貴新古典主義建築「桑摩塞特宮」內

Chef's Profile

Mark Hix
2008年在巴比肯開設「Oyster & Fish House」，轉眼間就打響知名度，從此以後，陸續地開了很多新店。

1.烤腹肉牛排和烤牛骨髓£19.95　2.展示著知名藝術家的作品，晚上也可以當成酒吧來利用

●蘇活區

別冊 MAP P23C2

現代英國菜

Hix

名流主廚的主力餐廳

馬克·錫克斯的旗艦店，他在倫敦經營7家餐廳，同時也具有美食作家的身分。堅持採用英國食材烹調的菜色會每天更換，其中又以可以品嚐到牛肉頂級熟成狀態的牛排最受歡迎。

DATA
交ⓊPICCADILLY CIRCUS站步行3分
住66-70 Brewer St.,W1F 9UP　☎020-7292-3518　時12時～23時30分（週日～22時30分）　休無休　☑需訂位　□有著裝規定

●西堤區

別冊 MAP P9C2

法式英國菜

Bread Street Kitchen

戈登·拉姆齊的新餐廳

足以代表英國的知名主廚一手打造的餐廳兼酒吧，也供應早餐等，在拉姆齊的餐廳當中算是氣氛最輕鬆的，價位設定得也很合理。各國葡萄酒的種類十分豐富。

Gordon Ramsay
從足球選手轉換跑道成法國菜廚師。一共擁有12顆米其林的星星，直言不諱的評論風格使得他在螢光幕上也很活躍。

DATA
交Ⓤ ST. PAUL'S站步行3分　住10 Bread St.,EC4M 9AB　☎020-7592-1228
時7～11時、11時30分～23時（週日11～20時）　休週六上午　☑需訂位　□有著裝規定

1.胡蘿蔔泥烤兔子，佐以培根和西洋水芹£19　2.位於聖保羅大教堂旁邊的商業大樓「One New Change」內

| Covent Garden | SOHO | Mayfair Marylebone | Westminster | City Southbank | Notting Hill | Knightsbridge Chelsea | Shoreditch |

69

樸實中有著先人的各種講究

悠久的歷史培育出
傳統的英國美食

英國的傳統美食大多是發揮食材本身風味的簡單菜色，長久以來深受英國民眾喜愛。
以下介紹的精選美味餐廳，品嘗得到必吃的經典菜色。

炸魚&薯條£9.10
Fish & Chips

將鱈魚等白肉魚炸得香酥可口，沾上塔塔醬或
麥芽醋、檸檬汁來吃

通常都是使用鱈
魚和比目魚等白
肉魚，也有使用
魟魚的店

馬里波恩 別冊 MAP P21C3

The Golden Hind

將極富彈性的白肉魚炸得香酥可口

1914年創業的炸魚&薯條專賣店。將每天早上
從約克郡的漁港送來的新鮮大鱈魚炸得香酥可
口。自製的塔塔醬也堪稱一絕。也可以外帶。
態度很親切的第5代老闆總是笑臉迎人。當地居
民也經常光顧，非常熱門。

DATA 交⑪BOND
STREET站步行6分
住73 Marylebone Ln.,
W1U 2PN ☎020-
7486-3644 時12～
15時、18～22時 休週
六的中午、週日

因為是家小店，最好事先訂位

柯芬園 別冊 MAP P24B2

Simpson's-in-the-Strand

餐廳外觀散發出高格調的氣氛

在古典英國風情的店內，可以大啖傳統風味的
美食。雖是1828年創業的老字號，午餐和19時
前供應的套餐菜色卻相當經濟實惠。烤牛肉是
在眼前現場分切，再淋上滿滿的醬汁。

倫敦首屈一指的老字號，
裝有水晶吊燈的店內洋溢
著奢華感

DATA 交⑪CHARING
CROSS站步行8分
住100 Strand, WC2R 0EW
☎020-7836-9112 時7時
15分～10時30分、12時～
14時45分、17時45分～22
時30分（週六17時～、週日
12時15分～21時）
休週六、日的早上

約克夏布丁的口感
就像一點都不甜的
中空泡芙。通常都
是搭配烤牛肉享用

烤牛肉£31
Roast Beef

可以任選喜歡的熟度。會淋上濃郁肉
汁、配辣根醬吃

小小資訊 Simpson's要求的著裝規定是時尚休閒服裝。雖然不需盛裝打扮，男士最好還是穿上有領子的襯衫。請勿穿著牛仔褲、
T恤和球鞋。女士則請避免穿著迷你裙等較為裸露的服裝。

派 £12.95
Pie

照片為該店最暢銷的菜色，
牛排和健力士啤酒、蘑菇派。
配菜可選馬鈴薯或沙拉等。

> 為了不讓美味流失，將派
> 皮蓋在用心煸炒的食材
> 上，再放進烤箱烘烤的英
> 式慢食

柯芬園　別冊 MAP P24A2

Porters English Restaurant

享用樸實的英國媽媽味道

以提供與炸魚&薯條齊名的英國知名美食——派的
專賣店。除牧羊人派、漁夫派之外，擁有樸實風
味的家常菜也一應俱全，因此店裡總是坐滿來自
世界各地的觀光客。

傳統的菜色十分豐
富齊全

DATA　交U COVENT GARDEN站步行5分　住17 Henrietta
St., WC2E 8QH　☎020-7836-6466　時12時～22時30分
（週三、四～23時，週五、六～23時30分）　休無休

香腸&薯泥 £7.50
Sausage & Mash

把烤香腸和馬鈴薯泥裝在同一
盤。大量的濃郁肉汁是美味的關
鍵

> 英國的香腸除了肉以外
> 還會加入麵包粉和香草
> 等，所以基本上都是用
> 煎的，而不是水煮

蘇活區　別冊 MAP P23C2

Mother Mash

其他地方吃不到的綿密馬鈴薯

點餐的方法是從6種做工十分講究的馬鈴薯泥裡挑
一種，再從8種香腸或6種派裡任選一道來搭配薯
泥（選擇派的價格為£8.50），最後再挑選自己喜
歡的牛肉醬汁。比看起來更有飽足感，可以讓人
飽餐一頓。

位在Liberty的後
面，因此可以在購
物後順道過來用餐

DATA　交U OXFORD CIRCUS站步行6分
住26 Ganton St., W1F 7QZ　☎020-7494-9644　時8時30
分～22時（週六、日7時～）　休無休

經典菜色

蕃茄濃湯
Tomato Soup

在英國家庭最常見的湯品。有
不含其他配料的單純口味，也
有加入豆子和馬鈴薯等的番茄
濃湯。

煙燻鮭魚凍
Smoked Salmon Terrine

將利用煙燻增添香氣的鮭魚磨
成魚漿後，再加以塑形的魚
凍。最適合佐啤酒和葡萄酒。

炸蝦球
Breaded Scampi

將稱為小龍蝦的長臂蝦裹上麵
包粉後油炸的餐點，搭配塔塔
醬和檸檬一起享用。是酒館等
餐廳的經典美食。

烤帶皮馬鈴薯
Jacket Potato

在大顆的馬鈴薯上劃開十字，
放上配料放進烤箱烘烤的一道
菜。可挑選豆子和鮪魚等的配
料。是酒館的經典菜色。

也可以在這裡吃午餐和晚餐！

餐點、啤酒都很美味的 老字號酒館&美食酒館

如果你以為酒館只是喝酒的店，可就大錯特錯了。酒館內的餐點種類也相當齊全，因此也可以輕鬆地享用午餐和晚餐。更別錯過供應創意美食的美食酒館。

酒館活用術

只要習慣了點餐的方式，就可以輕鬆地品嚐到餐點和酒。

①要如何點餐？
到吧檯點餐。點餐的時候，必須告知所坐的桌號，因此請事先決定座位再前往吧檯點餐。

②可以喝到啤酒以外的飲料嗎？
調酒和葡萄等，常見的酒類一應俱全。當然，啤酒的種類也相當豐富，更有許多國內尚未引進的啤酒，因此不妨從啤酒點起。

③招牌菜是？
除了炸魚和薯條和派等傳統的英國美食以外，提供泰國菜的店也愈來愈多。美食酒館的菜單更是琳瑯滿目。

④付錢的方式有？
基本上採先結帳的方式，在點餐或飲料的時候就要先付款。也有些店家小額消費無法使用信用卡。

⑤要給小費嗎？
沒有特別要求。有些店家會在收銀台旁設置小費箱，因此獲得貼心的服務時，不妨表示一點心意。

⑥有沒有什麼規定？
完全不需要注重形式，有的可以輕鬆地站著喝、有的可以欣賞體育賽事的轉播，各有各的風格也是酒館吸引人的地方。

老字號酒館　別冊MAP P24A2　●柯芬園
Salisbury

保有維多利亞時代的風華

維多利亞風格的裝潢和家具營造出沉穩的氣氛，創業於1892年的老字號酒館。雖是座落在熱鬧繁華的劇場街上，卻可以在安靜沉穩的氣氛下用餐及享用啤酒。

DATA　交ⓤLEICESTER SQUARE站步行2分　住90 St.Martin's Ln.,WC2N 4AP　☎020-7836-5863　時11〜23時(週四〜23時30分、週五〜24時、週六12〜24時、週日12〜22時30分)　休無休

1.供應腹肉牛排＆薯泥£9.29等相當下酒的餐點
2.美麗的裝潢相當吸睛

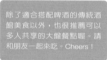

除了適合搭配啤酒的傳統酒館美食以外，也很推薦可以多人共享的大盤餐點囉。請和朋友一起來吃。Cheers！

老字號酒館　別冊MAP P9C4　●南岸區
George Inn

可以在歷史建築裡暢飲啤酒

還保留著回廊式露台的一部分，屋齡300年以上的建築過去曾經是馬車驛站。可以在當時據說還會有舞台劇上演的中庭裡喝啤酒、或者是在充滿歷史氛圍的建築內享用傳統英國菜。

DATA　交ⓤLONDON BRIDGE站步行5分　住75-77 Borough High St., Southwark.,SE1 1NH　☎020-7407-2056　時11〜23時(週日〜22時30分，供餐〜22時)　休無休

1.麵衣酥脆爽口的炸魚＆薯條£10
2.面積相當寬敞的酒館，因此把店內逛一圈也是種樂趣

以酒館的名稱命名的艾爾啤酒「George Inn」£3.94，是一款風味十分清爽、喝起來很順口的啤酒喔。除此之外，也可以請店家推薦私藏的葡萄酒。

 小小知識　英國自古以來在週日中午就有吃烤肉和馬鈴薯、約克夏布丁等午餐的習慣，稱為星期天烤肉餐（→P8）。如今已成為酒館週日的必點菜色，相當受歡迎。

週末的午餐時間坐滿了攜家帶眷的當地人

美食
酒館
別冊
MAP
P11C4

●切爾西
The Cadogan Arms

懷舊的鄉間小屋式餐廳

由酒館、餐廳、撞球室等3個房間構成。堆滿柴火的暖爐、牆壁上裝飾著標本,簡直就像是英國的鄉間小屋一樣。可以品嘗到樸實的傳統美食和創意美食。

DATA 交U SLOANE SQUARE站步行15分
住298 King's Rd.,SW3 5UG ☎020-7352-6500 時11～23時(週日～22時30分),供餐:12時～15時30分、18時～22時30分(週六12時～22時30分,週日12～21時) 休無休

最為推薦的啤酒是在倫敦當地釀造、風味豐富的Jugged Hare Pale Ale £3.70。請務必到本店品嘗看看。

1.冬天也可以吃到知名的狩獵(野味)大餐 2.星期天烤肉餐2人份£42 3.座落在高級住宅區的一隅,氣氛十分沉靜

美食
酒館
別冊
MAP
P17C4

●肖迪奇
The Princess of Shoreditch

可以品嘗到食材十分講究的菜色

由一對年輕情侶在2009年開設的熱門酒館。1F供應講求產地直銷的傳統酒館美食,而在2F的餐廳裡則可以品嘗到將傳統的英國美食加入現代元素烹調的高品質餐點。

DATA 交U OLD STREET站步行7分 住76 Paul St., EC2A 4NE ☎020-7729-9270 時12～23時(週日為～22時30分) 休無休

啤酒也是產地直銷。在附近的哈克尼生產的艾爾啤酒£3.70/568ml真是好喝極了!店內提供2種,不妨比較看看。

1.鮭魚排£17.50、當日鹹派£12.50 2.2F陳列各國公主的肖像畫

苦啤酒 bitter

顏色比較深、口味比較濃郁的生啤酒。喝的時候通常不冰鎮

艾爾啤酒 ale

英國人最常喝的啤酒,一般會有果香味。在常溫的狀態下品嘗

拉格啤酒 lager

碳酸氣體比較多,冰過才喝。喉韻非常好,在台灣是主流的啤酒

司陶特啤酒 stout

以健力士為代表的黑啤酒。口味相當濃郁,苦味、酸味也很強烈

西打 cider

以蘋果為原料製作而成,含碳酸氣的酒。甜甜的,很好喝

Covent Garden | Soho | Mayfair Marylebone | Westminster | City Southbank | Notting Hill | Knightsbridge Chelsea | Shoreditch

73

充滿了有機食材

提升健康&美容能量！
崇尚自然的餐廳

凝聚滿滿大自然恩惠的食材，樸實卻帶有豐富的風味。
前往蔬食和有機餐廳補充一下能量，撫慰在旅程中略感疲憊的身體吧。

美食
酒館 ／ 別冊 MAP P16B2 ●天使區

The Duke of Cambridge

享用有機的美食與啤酒

相當於美食酒館草創者的地位。店內的黑板
上除了寫有肉類和魚類等菜色，也會寫上專
為素食者準備的菜單。即使餐點售罄，也會
接著補寫上新的菜色，生意相當興隆。也供
應有機啤酒。

DATA
交U ANGEL站步行7分
住30 St Peter's St.,N1 8JT
☎020-7359-3066
時12～23時（週日～22時30分）
休無休

1.雞肝肉凍，佐蘋果醬和酸黃瓜£8.50等菜色會每天更
換 2.寬敞的店內

鯖魚佐橄欖醬
£14.50

將連皮也烤得香酥美味
的鯖魚烹調成西班牙
風，搭配橄欖醬品嘗

起司與菠菜的司康
£2／1個

加入起司，份量十足（蔬菜
每天變換）。巧克力布朗尼
為£2.20／1個

餐廳 ／ 別冊 MAP P24A1 ●柯芬園

Food for Thought

也有提供給素食者的菜單

開幕至今已經過了40個年頭的老字號，1F可
以外帶，地下室則成了用餐區。結合亞洲、
中東、非洲等地食譜的『本日菜單』相當受
到歡迎。午餐時間通常都會大排長龍，因此
最好早一點前往。

DATA
交U COVENT GARDEN站步行3分
住31 Neal St., WC2H 9PR
☎020-7836-0239
時12時～20時30分（週日～17時30分。LO為30分
前） 休無休

1.熱騰騰的餐點和沙拉或者是甜點的套餐內用為£8.70
2.總是高朋滿座

 小小
知識　大多數的英國有機食材，都是由即使是在歐洲，標準也設定得最為嚴格的英國土壤協會（Soil Association）管理。查爾
斯王儲設立的「Duchy Originals」（→P63）也對有機的推廣貢獻良多。

咖啡廳& 餐廳 | 別冊 MAP P21C2 | ●馬里波恩

The Natural Kitchen

養生沙拉
£12.95～

份量十足的沙拉常備4種左右，滿滿的都是新鮮的蔬菜！

展示櫃裡擺滿了熟食

店裡設有食材賣場和菜色很豐富的有機食材熟食區。1F是自助式的喝咖啡空間，2F則提供桌邊服務，可以品嘗到20種以上的美味餐點。

DATA
交U BAKER STREET站步行7分
住77-78 Marylebone High St.,W1U 5JX
☎020-3012-2123
時7～20時(週六、日8～19時)
休無休

1.巧克力、山胡桃、杏桃等口味的塔各£5.95～ 2.在2F的餐廳裡提供無微不至的服務

美食 崇尚自然的餐廳

紅蘿蔔蛋糕
£5

紅蘿蔔淡淡的甜味和上頭的奶油非常對味

咖啡廳& 熟食店 | 別冊 MAP P22B3 | ●梅菲爾

Rose Bakery

誕生於巴黎的英國甜點

從巴黎紅回英國的熱門店。純手工製作的甜點雖然給人不起眼的印象，但是嘗得到食材的美味，大受好評。午餐時間還供應湯和沙拉等輕食。

DATA
交U GREEN PARK站步行5分
住17-18 Dover St.,W1S 4TL
☎020-7518-0687
時11～17時 (週日12～16時)
休無休

一個個排著現做甜點

咖啡廳& 熟食店 | 別冊 MAP P4B2 | ●諾丁丘

Daylesford Organic

3種季節沙拉
£10

可以從菜單裡任選3～4種(4種為£13)的沙拉，可以吃到大量的蔬菜。

全部餐點都是天然的風味

餐點使用了每天早上從總店的所在地科茲窩的農場送來的蔬菜和牛奶。尤其是有機又新鮮的蔬菜非常健康，就連正在節食的女性也很喜歡。

DATA
交U LADBROKE GROVE站步行9分
住208-212 Westbourne Grove,W11 2RH
☎020-7313-8050
時8～20時(週六~21時，週日10～16時)
休無休

一個人也可以很享受的氣氛

Covent Garden | SOHO | Mayfair Marylebone | Westminster | City Southbank | Notting Hill | Knightsbridge Chelsea | Shoreditch

75

正統的餐廳齊聚一堂

時尚地品嘗
異國美食in倫敦

對流行十分敏銳的倫敦人頻繁光顧，在倫敦掀起話題的異國美食餐廳。
可以在品味絕佳的空間裡，享用既健康又美味，看起來也很賞心悅目的各色佳餚。

●肯辛頓

Papaya Tree

倫敦的泰國菜先驅

前身是創業於1960年代的泰國菜餐廳，自1997年換了老闆以後，就改成現在的店名。以白色為基調的店內，洋溢著明亮時髦的氣氛。以每週2次從泰國進貨的蔬菜和香草入菜的餐點口味十分道地，午餐£6～，以平實的價格供應。

DATA
交U HIGH STREET KENSINGTON站步行3
分 住209 Kensington High St., W8 6BD
☎020-7937-2260 時12時～15時30分、
18～23時（週六18～23時，週日18～22時）
休週六、日的午餐

泰式涼拌冬粉
Yum Woon Sen
£8.95

泰式冬粉沙拉。將冬粉
和乾燥蝦仁、豬肉等淋
上又香又辣的檸檬醬汁

窗明几淨的店內。晚上會點
上蠟燭，很有情調

●肖迪奇

Que Viet

既美味、服務又好的熱門餐廳

即使在有很多越南菜餐廳的地區，也擁有一枝獨秀的名氣。使用了越南食材的餐點降低了辣度，生春捲£3.80～等，CP值相當高。裝飾著越南繪畫的店內有130個座位，服務也很好，會讓人忍不住想要待久一點。

DATA
交U OLD STREET站步行6分
住102 Kingsland Rd., E2 8DP
☎020-7033-0588
時12～23時（週日～22時30分）
休無休

摩登又新潮的室內設計讓店
內呈現出落落大方的氣氛

金黃煎餅
Golden Pancake
£6.50

裡頭包著香菜和豆芽菜
等蔬菜的魚露煎餅。再
加上萵苣等，非常健康

小小
資訊

「Morito」是以很難訂到位子出名的超知名店「Moro」（→P112）的第二家分店。只有午餐接受訂位，晚餐則不能
事先訂位。因此晚上剛開店的時候會比較有機會順利進到店裡。

異國風的食材

異國風的食材能以獨特的香氣和滋味賦予菜餚特色,也有增色和去除腥味等作用。在以亞洲為主的許多國家是不可或缺的食材。

香菜

使用於泰國菜和越南菜的香料,具有獨特的香味。

椰奶

從椰肉裡萃取出來的乳狀汁液,使用於咖哩和用來做點心。

檸檬香茅

散發檸檬香氣的多年生草本植物。常用於魚或肉類菜色的調味。

薑黃

將黃薑的地下莖磨成粉的香料,和咖哩或油炸食物很對味。

美食 異國美食 in 倫敦

烤肉串
Kebab
1根£1～

雞肉和羊肉等,份量十足。雖然調味較為辛辣,但是吃過一次肯定會上癮

氣氛沉靜、品味絕佳的空間裡瀰漫著香料的氣味

店內有8個吧台座位和12個一般座位,座無虛席

烤鹿肉
Roast of Aubergine
£15

燒烤具有獨特風味,很有嚼勁的鹿肉,請搭配旁邊的馬鈴薯一起吃

印度菜 別冊 MAP P3D2 ●倫敦東部

Tayyabs

熱賣40年以上的印度菜Punjabi

1972年創業,是倫敦最具有代表性的名店,也有很多上流階級的常客。『Punjabi』是印度北部的家常菜,該店供應的菜色以Punjabi為主,大量使用印度香辛料的餐點每一道都很辣。雞肉和烤肉串都很受歡迎,也有素食者專用的菜單。

```
DATA
交UWHITECHAPEL站步行6分
住83-89 Fieldgate St., E1 1JU
☎020-7247-9543
時12時～23時30分
休無休
```

西班牙、北非美食 別冊 MAP P16A4 ●克勒肯維爾

Morito

各式各樣小盤的摩爾美食

開在知名餐廳「Moro」(→P112)隔壁的姊妹店。可以小盤品嘗稱為摩爾菜的西班牙和北非伊斯蘭圈的美食。除了肉類和魚以外,也有許多鷹嘴豆和蔬菜的健康餐點,不妨幾個人一起分享,品嘗各式各樣的佳餚。

```
DATA
交UFARRINGDON站步行12分
住32 Exmouth Market, EC1R 4QE
☎020-7278-7007
時12～16時、17～23時
休週日的晚餐
```

| Covent Garden | SOHO | Mayfair Marylebone | Westminster | City Southbank | Notting Hill | Knightsbridge Chelsea | Shoreditch |

在英國品嘗
道道地地的英式早餐

可以花時間悠閒地品嘗，也可以迅速地簡單解決。

請慢慢地享受份量十足的英式風味早餐，儲備一天的能量！

Full Fleet Breakfast
£8.75

炒蛋吐司、培根、香腸、烤蕃茄等，
只有週六早上才供應的招牌菜色。

西提區 別冊 MAP P8A2

Fleet River Bakery

瀰漫著剛出爐的麵包香

店內陳列著自製的鹹派及沙拉、餅乾蛋糕。黑板上也寫滿各種令人食指大動的菜色。咖啡使用的是名店Monmouth的豆子。

DATA 交⑪HOLBORN站步行3分 住71
Lincolns Inn Fields, WC2A 3JF ☎020-7691-
1457 時7〜19時（週四、五〜21時，週六8時
30分〜18時，週日8時30分〜16時）
休無休

這道也很推薦！

1．香菇三明治，裡頭抹了辣醬£5.20
2．在收銀台點餐，拿著號碼牌和飲料回座

柯芬園 別冊 MAP P24B1

Machiavelli

使用義大利當地食材的
義大利美食

由專營義大利高級食材的進口業者開的餐廳。除了可以在地下室的餐廳裡品嘗到新鮮的餐點，也有咖啡廳及販賣熟食、食材的商店。

DATA 交⑪COVENT GARDEN站步行3分
住69 Long Acre, WC2E 9JS ☎020-7240-2125
時8〜22時（週六9時〜） 休週日

The Full Italian
£9.50

義大利香腸及培根、西西里產蕃茄、
義大利直接進口的蛋製作的餐點等。

1．加入了莓果和酪奶的鬆餅£6.75
2．在1F的咖啡廳吃早餐，熟食小菜從10時開始供應

這道也很推薦！

小小知識 英國式的全套早餐據說是在19世紀，維多利亞女王的時代形成的。由於女王的晚餐時間較晚，因此養成好好吃早餐的習慣，這習慣在農村和都市區也相當受歡迎。

咖啡愛好者看這裡！

蘇活區　別冊 MAP P23D1

Milkbar

讓充滿奶香味的濃縮咖啡「flat white」在倫敦流行起來的澳洲裔咖啡廳。

DATA　交ⓊTOTTENHAM COURT ROAD站步行7分　住3 Bateman St. W1D 4AG　☎020-7287-4796　時8～19時（週六、日9～18時）　休無休

肖迪奇　別冊 MAP P25B2

Allpress Espersso

在店內烘焙的講究咖啡相當受到歡迎，另配合咖啡精選餐點，貫徹該店的堅持。

DATA　交ⓊLIVERPOOL STREET站步行13分　住58 Redchurch St.,E2 7DP　☎020-7749-1780　時8～17時（週六、日9時～）　休無休

西堤區　別冊 MAP P9C2

Hawksmoor Guildhall

肉類餐點的名店製作的豐富好滋味

是一家倫敦的頂級牛排館。早餐供應愈嚼愈美味的培根及香腸，馬鈴薯和土司的香氣更是凸顯了餐點的風味。

DATA　交ⓊMOORGATE站步行5分　住10 Basinghall St.,EC2V 5BQ　☎020-7397-8120　時7～10時、12～15時、17時～22時30分　休週六、日

> Full English
> £15
> 有血腸、炸薯餅等，還會附上豆子和土司。

1.自製的煙燻鮭魚和愛爾蘭麵包 10.50　2.外面是商辦區，西裝筆挺的商業人士也很引人注目

> 這道也很推薦！

2
1

> Albion Breakfast
> £11
> 燉豆子、方形麵包、烤蘑菇、培根、香腸、喜歡的蛋類餐點等。

肖迪奇　別冊 MAP P25A2

Albion

由康藍爵士一手打造

由設計界的大師康藍爵士一手打造，可以品嘗到使用了當地的食材，精心烹調的英國美食。為了追求那種溫和的風味，週末的早午餐總是大排長龍。

DATA　交ⓊLIVERPOOL STREET站步行9分　住2-4 Boundary St., E2 7DD　☎020-7729-1051　時8～23時（週日～22時30分）　休無休

> 這道也很推薦！

1.附上自製的什錦穀麥、糖煮水果 £8.50
2.英國食材店與烘焙坊都藏著美食

1
2

美食　英式早餐

Covent Garden | SOHO | Mayfair Marylebone | Westminster | City Southbank | Notting Hill | Knightsbridge Chelsea | Shoreditch

79

味道和氣氛都
大受好評的熟食&麵包

麵包及沙拉、再加上甜點一應俱全的熟食&烘焙坊，是最值得遊客前去的地方。
除了可以帶著走以外，也有內用的空間，所以也可以在這裡享用一個人的大餐！

店內擺滿了熟食的菜
色。由於店面很小，一
到午餐時間很快就客滿

麵包的香味撲鼻而來，店
內呈現樸素的氛圍，會讓
人忍不住想要多坐一會兒

諾丁丘 ｜ 別冊 MAP P4B2

Ottolenghi

以沙拉為主角的健康午餐

名廚尤坦・奧托倫吉的熟食店，供應巧妙地運用
香辛料和香草、色彩豐富的餐點。品嘗得到3種
沙拉的午間套餐£11.50～。甜點也很齊全。

DATA 交U NOTTING
HILL GATE站步行8分
住63 Ledbury Rd., W11
2AD ☎020-7727-
1121 時8～20時（週六
～19時，週日8時30分
～18時）休無休

沙拉
內容會隨時變動。上圖為萊姆沙
拉醬的毛豆沙拉。£2.80／100克

白巧克力的起司蛋糕
清爽的覆盆莓醬汁襯托出蛋
糕的甜味。£3.80

費南雪蛋糕
馬斯卡彭起司與開心果的
費南雪蛋糕。£4.80

諾丁丘 ｜ 別冊 MAP P4B4

& Clarke's

25年來備受喜愛的熱門烘焙坊

女性麵包師Sally Clarke於1988年開設的烘焙坊。
除了剛出爐的麵包和水果塔、蛋糕等，採用新鮮
蔬菜和水果入菜的小菜也大獲好評，甚至獲得無
數美食獎。

DATA 交U NOTTING
HILL GATE站步行3分
住122 Kensington
Church St., W8 4BH
☎020-7229-2190
時8～20時（週六～17
時，週日10～16時）
休無休

南瓜麵包
（萬聖節限定）
將南瓜揉進麵糰裡，自然的
甜味會使人上癮。£4.75

玉米麵包
玉米的香氣令人食慾大
開。請品嘗剛出爐的好
滋味！£2.40

檸檬杏仁塔
杏仁的風味畫龍點睛，清爽的
檸檬塔。£2.75

 除了諾丁丘之外，Ottolenghi在倫敦市區內還有2家分店（Islington店：別冊MAP●P16B1、Belgravia店：別冊
MAP●P19D2）。

熟食店利用法

倫敦的熟食店情報

倫敦人最喜歡在公園裡吃午餐了。因此，除了熟食店及烘焙坊以外，超級市場及百貨公司的美食區也很充實。小菜通常都是以自助式地秤重販賣。進到熟食店，一般是先點好自己想買的小菜，再去結帳，然後再去找位置。

「& Clarke's」的小菜區

熟食店運用的小建議

① 秤重的單位為公克
跟國內一樣，以公克（g）為單位，非常簡單明瞭。

② 『便宜又美味』就藏在藥妝店裡
「Boots」（→P63）等藥妝店其實也是小菜的寶庫。

③ 不是在百貨公司地下街，樓上也有
有些百貨公司的食品賣場是在樓上。

內用只限吧台。根據地點，也有很多藝術家常客

肖迪奇 別冊 MAP P25A4

客人絡繹不絕的熱門店。午餐的前菜£5.50～、主餐£12～

騎士橋 別冊 MAP P18B4

Verde & Co

講究蔬菜的自製餐點咖啡廳

位於史派特市集（→P58）的一隅。這裡過去曾經是大型果菜市場，因此店頭也販賣著新鮮的蔬菜。手工製的橘皮果醬及油封菜等皆大受好評。

DATA 交 ⓤLIVER POOL STREET站步行4分 住40 Brushfield St., E1 6AG ☎020-7247-1924 時8～19時（週六、日10～18時）休無休

燻雞和酪梨莎莎醬的三明治
「酪梨莎莎醬」指的是酪梨製的沾醬。£4.80～

生火腿與橄欖的沙拉
生火腿及橄欖、帕馬森起司、番茄等色彩鮮豔的沙拉。£5.95～

橘皮果醬
柳橙的橘皮果醬是早餐一定要有的配角。在倫敦南部手工製作。£7.90

Aubaine

外帶熱門店家的自製麵包

法國風格的餐廳。早上有可頌麵包£2.25和咖啡£2.50～，中午和晚上則有道地的法國菜，可以配合目的利用該餐廳。自製麵包和甜點可外帶。

DATA 交 ⓤSOUTH KENSINGTON站步行5分 住260-262 Brompton Rd., SW3 2AS ☎020-7052-0100 時8時～22時30分（週日、假日9～22時）休無休

每天早上在店裡出爐的麵包種類豐富。上圖為鄉村長棍麵包。£1.95

杏仁可頌麵包
在可頌上灑上大量的砂糖和杏仁的麵包。£2.80

千層派
派皮與卡士達醬的比例堪稱完美，是最受歡迎的甜點。£4

81

Covent Garden | SOHO | Mayfair Marylebone | Westminster | City Southbank | Notting Hill | Knightsbridge Chelsea | Shoreditch

從杯子蛋糕到英國傳統點心

擄獲倫敦女孩芳心
誘人的甜點

倫敦人最喜歡的巧克力和冰淇淋、杯子蛋糕、再加上傳統的點心等……
無論哪個國家的女孩子，都無法抵抗的甜蜜誘惑！

使用了法芙娜巧克力的
字母巧克力£15.50 B

波特酒&蔓越莓的松露
巧克力£12.95（115克）
E

使用了巧克力海綿
蛋糕的Curly Whirly
蛋糕£2.95 F

起司風味的紅絲
絨蛋糕£2.65 A

可以任選喜歡
口味的巧克力
禮盒£12（1個
£1.50～）R

口味多元的巧克力禮盒
£15.50 C

A ●諾丁丘
The Hummingbird Bakery

別冊MAP ● P4B2

看來起賞心悅目的杯子蛋糕

美式風格的蛋糕烘培坊，帶動了
杯子蛋糕的流行。上頭有奶油起
司糖霜的杯子蛋糕特別受歡迎。

DATA 交Ｕ LADBROKE GROVE站
步行8分 住133 Portobello Rd.,
W11 2DY ☎020-7851-1795
時10～18時（週
六9時～18時30
分，週日11～17
時）休無休

B ●馬里波恩
Cocomaya

別冊MAP ● P6A2

品味超群的時尚巧克力

由3位出身時尚業界的創作家所成
立。高品質且充滿玩心的巧克力
和烘焙點心，非常暢銷。也附設
可以享用午餐的麵包&蛋糕店。

DATA 交Ｕ MARBLE ARCH站步行
8分 住3 Porchester Pl.,W2 2BS
☎020-7706-2770 時10～18時（週
日11時～）
休無休

C ●天使區
Paul A Young

別冊MAP ● P16A2

囊括了無數的比賽獎座

新銳巧克力師傅Paul Young的店。
大膽地調和各種口味的巧克力和
布朗尼，堅持不使用任何添加
物。

DATA 交Ｕ ANGEL站步行3分
住33 Camden Passage.,N1 8EA
☎020-7424-5750 時10時～18時
30分（週日11～
18時）休無休

 小小寶訊

「Konditor & Cook」的『魔法蛋糕（Magic Cakes）』，事先預訂就能為您寫上想要的文字。常溫下可以保存2週，因
此帶回去當伴手禮也相當討喜。

Check! 請好好享用英國傳統甜點

肯頓鎮 別冊MAP P15D3 **Peyton and Byrne**

英國傳統甜點以司康及各種塔等烘焙點心為主流。可以在倫敦開了很多分店的「Peyton and Byrne」裡找到，自古以來的樸素傳統甜點都在這裡。

DATA 交U KING'S CROSS/ST. PANCRAS車站內 住Unit 11, The Undercroft, St. Pancras International STN. NW1 2QP ☎020-7278-6707 時7時30分～20時（週六、日9時～） 休無休

糖蜜塔是地方甜點的代表，£2.20

維多利亞海綿蛋糕 £12

美食 甜點

黑巧克力的軟心布朗尼 £3.95 C

口味十分濃郁的餅乾&奶油冰淇淋 £2.90～ D

PINK MARC DE CHAMPAGNE TRUFFLES

粉紅香檳松露巧克力 £23（275克） E

以低脂為賣點的巧克力冰淇淋 £2.90～ D

以倫敦為設計主軸的魔法蛋糕 各£2.75 F

擁有4色奶油的香草杯子蛋糕£2 A

 ●切爾西 **Dri Dri**

別冊MAP ● P11C3

倫敦風格的義式冰淇淋

使用了英國產的有機牛奶、當季水果的義式冰淇淋&雪酪店。不使用任何人工添加物，呈現食材本身的甜蜜好滋味。常備20種以上口味。

DATA 交U SLOANE SQUARE站步行15分 住Chelsea Farmers Market, 125 Sydney St.,SW3 6NR ☎020-8616-5718 時10～20時 休無休

 ●梅菲爾 **Charbonnel et Walker**

別冊MAP ● P22B3

英國皇室御用商店

1875年創業，擁有皇家認證的封號。以風味濃郁的松露巧克力最為有名，草莓及粉紅香檳等口味也很豐富。

DATA 交U GREEN PARK站步行5分 住One The Royal Arcade, 28 Old Bond St.,W1S 4BT ☎020-7318-2075 時10～18時（週日12～17時） 休無休

F ●南岸區 **Konditor & Cook**

別冊MAP ● P8A4

充滿玩心的魔法蛋糕

蛋糕及布朗尼、松露巧克力等，陳列著各式各樣的甜點。做成一口大小的蛋糕，上頭描繪著圖案或文字的『魔法蛋糕』是其招牌。

DATA 交U WATERLOO站步行5分 住22 Cornwall Rd.,SE1 8TW ☎020-7633-3333 時7時30分～19時（週六8時30分～18時，週日11～17時） 休無休

83

Covent Garden | SOHO | Mayfair Marylebone | Westminster | City Southbank | Notting Hill | Knightsbridge Chelsea | Shoreditch

Column

在超市就可以輕鬆買到！
英國的代表性零食

到了倫敦，在大家熟悉的超級市場就可以買到的零食。
買來當伴手禮也很適合，不妨多方品嘗、比較。

小包裝的爆玉米花£0.75。灑上海鹽的簡單調味 A

枸杞鮮果乾（左）£2.99和藍莓鮮果乾（右）£2.50 A

大象和貓頭鷹等動物造型的迷你動物餅乾£1.09 B

清爽的風味在嘴巴裡擴散開來的Tesco獨家薄荷糖£0.89 A

水果沙拉（左）和綜合口味（右）的糖果各£0.74 B

牛油風味很濃郁的英國米字旗朱伯利牛油酥餅£2.50 B

A 別冊 MAP P23C3 ●梅菲爾
Tesco Metro

營業到深夜的英國版便利商店
英國規模最大的超級市場「Tesco」的小型店。以地鐵的車站四周為中心，遍布在市區的各個角落。以點心及三明治、飲料等£3以下的食品為主，自有品牌商品也琳瑯滿目，其中又以「Tesco Finest」系列品質最好，大受好評。

DATA 交UPICADILLY CIRCUS站步行1分
住17-25 Regent St.,SW1Y 4LR ☎0345-677-9812
時6～24時（週六～22時，週日12～18時） 休無休

B 別冊 MAP P23C1 ●蘇活區
Marks & Spencer

足以代表英國的高級超級市場
在英國展店超過300家以上的連鎖超級市場，牛津店號稱擁有倫敦市內最大賣場面積。比起其他超市定位更加高級，是高品質食品的寶庫。自有品牌商品也獲得肯定，尤其服飾類的價格相當親民，非常受歡迎。

DATA 交UOXFORD CIRCUS站步行5分
住173 Oxford St.,W1D 2JR
☎020-7437-7722
時9～21時（週日12～18時）
休無休

小小資訊 在環保意識抬頭的英國，每家超級市場都會推出非常具有設計感的環保袋。也有Orla Kiely和Tesco合作的環保袋等設計師聯名款，絕對不容錯過。

追加行程

可以在綠意盎然的公園裡悠閒地度過，

或是欣賞戲劇勝地的娛樂表演，

也可以來趟電影外景地巡禮，

為您介紹倫敦深度的遊賞方式。

倫敦人最喜歡公園&庭園了

天氣晴朗的午後
不妨前往都會的綠洲

倫敦的天氣瞬息萬變，晴朗的日子建議可以去公園&庭園走走。
在廣大腹地上的遼闊草坪休息一下，應該就能體會倫敦人的心境。

週末前來享受野餐等樂趣
的人潮相當熱鬧

西敏區 ｜ 別冊MAP P6A3

海德公園
Hyde Park

17世紀持續至今的市民休閒場所

原本是亨利8世的狩獵場，1637年對一般
民眾開放的皇家公園。園內座落著人工的
九曲湖、紀念已故黛安娜王妃的黛安娜紀
念噴泉等景點。也推薦午餐和晚餐都大受
好評的Serpentine Bar & Kitchen（☎020-
7706-8114 時8～21時 休無休 別冊
MAP●P6A4）。

DATA 交Ⓤ HYDE PARK CORNER站步行
1分 住Hyde Park, W2 2UH 時5～24時
休無休 料免費

也有這種遊賞方法！

【騎馬體驗】

園內有2條騎馬路線，事先預
約，就可以參加騎馬課程。請向
海德公園馬廄的官方網站預約
URL www.hydeparkstables.
com。 時7時30分～17時（週
六、日時～）
休無休 料£79～（團體課程1小
時）※需預約

在綠意盎然的公園裡
騎馬遊覽

海德公園冬日樂園

每年都會舉辦的冬季活動。設置著溜冰場
及遊樂園、聖誕市集等，熱鬧滾滾。
2014年時於11月21日～2015年1月4日舉
行。免費進場。

海德公園夏日音樂節

在夏天舉行的音樂盛典。詳情請上官方網
站URL www.bst-hydepark.com/home。

🎋 公園DATA

面積	約142萬平方公尺
咖啡廳	有（2處）
商店	有（6處）

肯辛頓 ｜ 別冊MAP P5C3

肯辛頓花園
Kensington Gardens

黛安娜王妃也住過的宮殿庭園

緊鄰海德公園的公園，原本是肯辛頓宮的
庭園。除了有彼得潘銅像和亞伯特紀念碑
等景點以外，黛安娜紀念兒童遊樂場也很
受歡迎。

DATA 交Ⓤ QUEENSWAY站步行1分
住Kensington Gardens W2 2UH 時6時～日落
休無休 料免費

1. 座落在九曲湖西側的公園
2. 黛安娜的兒童遊樂場裡還
有遊樂器材

🎋 公園DATA

面積	約100萬平方公尺	咖啡廳	有（1處）
商店	有（1處）		

小小資訊 當天氣變暖，倫敦人一定會帶著毛毯和野餐籃出門野餐。像是三五好友歡聚共享葡萄酒、或者是全家人一起野餐。季節
一到，到處都會開始販賣可愛的野餐籃。

想買園藝用品的人請看過來

切爾西　別冊 MAP P11C3

The Chelsea Gardener

從具實用性又方便可靠的園藝用品，到時尚的威靈頓靴和禮品等，網羅所有和庭園相關的品項。附設的小型植物園也可以舉辦私人派對，相當值得一看。

DATA 交Ⓤ SLOANE SQUARE站步行12分 住125 Sydney St.,SW3 6NR ☎020-7352-5656 時10～18時（週日12時～） 休無休

1.農作用的園藝手套£4.99～
2.瀰漫著香草香味的店門口
3.簡單大方的噴霧器£5.99～

切爾西　別冊 MAP P11C4

切爾西藥草園
Chelsea Physic Garden

生長著大約5000種植物、歷史悠久的花園

由倫敦藥材商協會創設於1673年，是英國第二古老的藥草園。包含大約700種香草植物在內，栽培有熱帶植物及果樹等，採集自世界各地約5000種的植物。

DATA
交Ⓤ SLOANE SQUARE站步行13分 住66 Royal Hospital Rd.,SW3 4HS 時11～18時 休週一、六、11～3月下旬 料£9.90

公園DATA
面積 約2萬平方公尺
咖啡廳 有（1處）
商店 有（1處）

1.座落在切爾西的住宅區，可以看到植物最自然的樣子。建造於1772年的岩石庭園也很值得一看 2.同時也是市民的休閒場所

1.瑪麗皇后花園。5～7月是玫瑰盛開的季節 2.是市內的皇家公園裡最廣闊的

櫻草丘　別冊 MAP P14A3

攝政公園
Regent's Park

可以看到美麗花草的皇家公園

過去曾經是亨利8世的狩獵場，由名建築師約翰‧納許加以整修，在1838年對外開放。攝政公園內除了擁有400種玫瑰的瑪麗皇后花園、可以鑑賞到四季花卉的林蔭大道花園等庭園之外，還有倫敦動物園（→P113）。

DATA 交Ⓤ REGENT'S PARK站步行5分 住Regent's Park,NW1 4NR 時5時～日落 休無休 料免費

公園DATA 面積 約166萬平方公尺
咖啡廳 有（4處） 商店 有（5處）

追加行程 公園＆庭園

這就是倫敦娛樂表演的經典
戲劇勝地的
高水準音樂劇

倫敦的西區與紐約的百老匯齊名,是音樂劇的大本營。
有許多劇場皆聚集在此,洋溢氣派華麗的氣氛。不妨前往欣賞戲劇文化殿堂的娛樂表演。

2012年在英國戲劇界的最高榮譽「奧立佛獎」囊括7項大獎的代表作品

作曲家安德魯·洛伊·韋伯的代表作,也製作了續集和電影

 柯芬園 | 別冊 MAP P24A1 | **瑪蒂達**
Matilda

橫掃奧立佛獎的話題之作

電影『巧克力冒險工廠』的原著作者羅德·達爾的兒童文學作品。講述天才少女瑪蒂達運用其智慧與超能力,勇敢對抗心靈蒙塵的大人們的故事。是一部非常幽默的喜劇。

【劍橋劇場】
Cambridge Theatre
- -
DATA ⊗Ⓤ COVENT GARDEN站步行1分 住32-34 Earlham St., WC2H 9HU ☎0844-412-4652 時週二19 時~、週三~六19時30分~(午場公演為週三、六14時30分 ~、週日15時~) 休週一 料£20~67.50

 蘇活區 | 別冊 MAP P23D3 | **歌劇魅影**
The Phantom of the Opera

在各國輪流公演的經典音樂劇

從1986年持續至今的長壽作品,在台灣也是耳熟能詳。描述潛伏在巴黎歌劇院地窖的魅影與女歌手克莉絲汀的苦戀。巧妙運用燈光,呈現出驚險刺激的舞台,亦博得相當高的評價。

【女王陛下劇院】
Her Majesty's Theatre
- -
DATA ⊗Ⓤ PICCADILLY CIRCUS站步行3分 住57 Haymarket,SW1Y 4QL ☎0844-412-2707 時週一~六 19時30分~(午場公演為週四、六14時30分~) 休週日 料£21~67

出發前Check!

●如何購買門票

在劇場窗口和官方網站、售票系統(手續費15~30%)等處都可以買到門票。如果想要買到便宜的票,請前往萊斯特廣場的tkts(別冊MAP● P23D3)。當日券只要半價左右就可以買到,但是不一定販售哪一場公演的票。

●用餐就選Pre-Theatre Menu

由於音樂劇的開演時間通常都是19時30分(午場公演除外),最好在那之前先吃點東西墊墊肚子。在劇院雲集的西區一帶,有些店會提供短時間就可以吃到的划算套餐Pre-Theatre Menu,所以不妨繞過去看看。

  小小 寶訊 以「催淚的劇碼」掀起話題的「戰馬(War Horse)」是一部描寫因第一次世界大戰而失散的少年和馬之間的友情故事,感人肺腑。除了週日外,每天在新倫敦劇院(別冊MAP●P24B1)上演。

舞動人生
Billy Elliot

將電影『舞動人生』舞台化

舞台背景是英國北部的煤礦小鎮。在父親的建議下，比利開始去學拳擊，但是在遇到芭蕾之後，瞞著父親，立志成為專業的芭蕾舞者。是一部有歡笑有淚水，溫暖人心的溫情戲劇。

【維多利亞宮殿劇院】
Victoria Palace Theatre

DATA　交U VICTORIA站步行1分　住Victoria St.,SW1E 5EA　☎0844-248-5000
時週一～六19時30分～（午場公演為週四、六14時30分～）　休週日　料£20.70～68.70

負責編劇與導演的和電影是同一組人馬。由艾爾頓‧強負責作曲

壞女巫
Wicked

榮獲東尼獎，在全球都相當賣座

靈感來自綠野仙蹤，描述在2個闖入奧茲國的女巫相遇後的背景設定下發展出的故事。外表和性格皆大相逕庭的2人起初是對立的，後來逐漸培養出友情。龐大的布景和令人驚訝的劇情發展，不禁讓人屏息讚嘆。

【阿波羅‧維多利亞劇院】 Apollo Victoria Theatre

DATA　交U VICTORIA站步行1分　住17 Wilton Rd.,SW1V 1LG　☎0844-826-8000（預約）
時週一～六19時30分～（午場公演為週三、六14時30分～）　休週日　料£15～65

綠色皮膚、聰明但性格很剛烈的壞女巫和企圖心強又漂亮的好女巫的故事

悲慘世界
Le Miserables

持續演了20年以上的長壽劇作

原著是維克多‧雨果的同名小說，依此改編的音樂劇。以19世紀初期的巴黎為舞台，描寫只因為偷了一個麵包，就換來19年牢獄生涯的尚‧萬強波瀾萬丈的一生。

【皇后戲院】
Queen's Theatre

DATA　交U PICCADILLY CIRCUS站步行3分　住51 Shaftesbury Ave.,W1D 6BA　☎0870-890-1110　時週一～六19時30分～（午場公演為週三、六14時30分～）　休週日　料£14.75～97.25

自1985年初次上演以來，至今依舊還在公演當中

獅子王
Lion King

非常熱門的迪士尼作品

將耳熟能詳的迪士尼電影改編成音樂劇。描寫動物王國的王子辛巴，在陰謀陷害下一度離開他的王國，後來得到夥伴的幫助，立志要搶回王位。可以欣賞到充滿獨創性的布景和以獅子等動物為構思的服裝、艾爾頓‧強的音樂。

【蘭心大戲院】 Lyceum Theatre

DATA　交U COVENT GARDEN站步行5分　住21 Wellington St.,WC2E 7RQ　☎0844-871-3000　時週二～六19時30分～（午場公演為週三、六、日14時30分～）　休週一　料£35～69.50

蘭心大戲院的入口依預約的座位而異，請特別注意

追加行程 音樂劇

舞台劇？歌劇？芭蕾舞？
一流的娛樂表演

只有在英國才能欣賞到的莎士比亞劇、世界最頂尖的歌劇和芭蕾舞劇，
倫敦還有多不勝數的娛樂表演活動。不妨稍微穿得正式一點，出門欣賞優雅的舞台表演。

1.天花板整個挑高，非常有情調
2.位於泰晤士河畔，附設有咖啡廳和商店

©Pawel Libera ©Pawel Libera

●莎士比亞劇

南岸區	別冊 MAP P8B3

莎士比亞環球劇場
Shakespeare's Globe Theatre

忠實地重現了中世紀的環球劇場

恢復16～17世紀上演著威廉・莎士比亞戲劇的「環球劇場」原有樣貌，在1997年盛大開幕。除了「莎士比亞環球劇場劇團」會在此舉行定期公演之外，也舉辦參觀劇場的行程。還有趣味盎然，與莎士比亞有關的展示室。劇場本身是為木造的圓筒形建築，為了提高戲劇效果，有時候也會用到舞台上的2根柱子。中央有中庭，從圓筒部分臨時搭的看台，可以俯瞰整個舞台。

DATA 交ⓊLONDON BRIDGE站步行15分
住21 New Globe Walk Bankside,SE1 9DT
☎020-7401-9919 時休料視公演而異

♪參觀行程
也提供參觀舞台及後台等地，附有導覽的行程。雖採英語解說，但是也可以借用其他語言的語音導覽，別擔心。
時9時～17時30分（參觀行程為9時30分起，每隔30分鐘一次，需要2小時）。偶有變動，需確認
休無休 料£13.50

Check! 夏天也有戶外劇場

在星空下看戲也別有一番風味 ©David Jensen

●莎士比亞劇等

櫻草丘	別冊 MAP P14A3

攝政公園戶外劇場
Regent's Park Open Air Theatre

每年一到6～9月，攝政公園（→P87）的戶外劇場就會開幕。每天都會推出各種舞台表演，如莎士比亞劇和音樂劇、音樂會等等。由於是戶外劇場，著裝請留意天候狀況，如攜帶太陽眼鏡、帽子、雨具等。詳細劇場天候方針見官網。https://openairtheatre.com/weather

DATA 交ⓊBAKER STREET站步行10分 住Regent's Park, NW1 4NU
☎0844-826-4242 時視公演而異 休公演期間中無休 料視公演而異

小小資訊 位於莎士比亞環球劇場內的酒館&餐廳「Swan」立地絕佳，可以眺望泰晤士河，還能品嚐到英式早餐（週一～五）和英式下午茶，週日還供應星期天烤肉午餐。

●歌劇／芭蕾舞

皇家歌劇院
Royal Opera House

別冊
MAP
P24B1

柯芬園

歌劇&芭蕾舞等2大劇團的大本營

是英國最具有代表性的歌劇院，也是英國皇家歌劇
團與皇家芭蕾舞團的根據地。目前的劇場是改建於
1999年的建築，正面外觀等處還保留著19世紀建造
的部分。也可以參加後台參觀行程。擁有4層樓的
圓形觀眾席，可以容納2174人。觀眾席部分是英國
的指定建築物。

擁有歐洲首屈一指的最新設備

©ROH 2012

DATA　交Ｕ COVENT GARDEN站步行4分
住Bow St.,WC2E 9DD　☎020-7304-4000　時10～20
時　後台參觀行程：週一～五的10時30分～、12時30分
～、14時30分～，週六會視節目而異　休週日
料£9～12(行程)

♪以這裡為根據地的2大劇團

兩者皆榮獲伊莉莎白女王賜予的『皇家』封號。皇家歌
劇團由世界首屈一指的指揮家安東尼歐・帕帕諾擔任音
樂總監。皇家芭蕾舞團則是有很多在籍的日本人。

●歌劇

倫敦大劇院
London Coliseum

別冊
MAP
P24A3

柯芬園

英語的歌劇比較容易親近

由著名的劇場建築師Frank Matcham設計，建造於
1904年，英國國家歌劇團將此處設為劇團據點。氣
氛比起皇家歌劇院來的輕鬆一些，歌劇也以英語演
出，因此非常適合初學者觀賞。據說是倫敦境內最
大、最高級的設施之一。

劇場的外觀古
色古香相當典
雅

♪英國國家
歌劇團

該劇團前身是於
1931年開幕的維
克・威爾斯歌劇
團。目的是培養英
國的歌劇歌手，以
英語演出，而不是
本來的義大利語和
德語。

DATA　交Ｕ LEICESTER SQUARE站步行3分
住St-Martin's Ln.,WC2N 4ES　☎020-7845-9300
時休料視公演而異

●芭蕾舞等

沙德勒之井劇院
Sadler`s Wells Theatre

別冊
MAP
P16A3

克勒肯
維爾

©Derek Kerdal

鑑賞嶄新的現代舞

起源於1683年建造的音樂廳。現今的劇院是經歷第
5次改建，1998年重新開幕的建築，配備了最先進
的設備。除了芭蕾舞和歌劇以外，近年來也舉辦眾
多的現代舞公演活動。為了成為英國舞蹈的重心，
也從事新作品的共同創作。

附設有
1500個座
位的大廳
和200個座
位的莉莉
安蓓里斯
小劇場

♪何謂現代舞？

前衛的舞蹈，不像芭蕾舞或日本舞蹈等擁有正式的根
源。據說是在1980年以後，從法國流行開來，融合了各
式各樣的要素，追求最新的表現方法。

DATA
交Ｕ ANGEL站步行5分　住Rosebery Ave.,EC1R 4TN
☎0844-412-4300　時休料視公演而異

| Covent Garden | SOHO | Mayfair Marylebone | Westminster | City Southbank | Notting Hill | Knightsbridge Chelsea | Shoreditch |

91

從披頭四到古典樂、再到最新的流行音樂

英倫音樂相關景點
沉醉在音樂的世界當中

可以走訪披頭四樂迷的聖地，或是優雅地欣賞古典樂，更可以到Live House和俱樂部裡
親身感受最新的流行音樂…。享受英倫音樂的方式多不勝數！

 前往披頭四相關地點朝聖

與披頭四有關的景點都集中在馬里波恩一帶。除了以
下介紹的景點以外，不妨也順道前往電影『一夜狂
歡』進行拍攝的馬里波恩車站月台。

眾所皆知代表20世紀、傳說
中的搖滾樂團

倫敦 西北部	別冊 MAP P2B1

艾比路的
斑馬線
Abbey Road Crossing

扮成披頭四來拍張紀念照吧

位於艾比路錄音室前的斑馬線。在1969年
推出的專輯『艾比路』的唱片封面就是在
這裡拍攝的。2010年被指定為英國的文
化、歷史遺產，這是建築物以外的第一個
文化、歷史遺產。

DATA ✕UST JOHN'S WOOD站步行5分

車流量很大，所以在拍照的時候要非常小心

倫敦 西北部	別冊 MAP P2B1	艾比路錄音室

Abbey Road Studios

眾多名曲誕生於此

唱片公司「EMI」的錄音
室。披頭四也曾在這裡錄製
過好幾張唱片。

DATA ✕UST JOHN'S WOOD
站順著格魯夫恩德路往西前進，在
艾比路右轉。從車站步行5分 住3
Abbey Rd.,NW8 9AY

現今仍在使用該錄音室，只
能參觀外觀

馬里 波恩	別冊 MAP P20B1	倫敦披頭四紀念品店

London Beatles Store

倫敦唯一一家專賣店

T恤及鑰匙圈、馬克杯等，
披頭四的紀念商品琳瑯滿
目。也展示著當時歌迷俱樂
部限定的唱片等珍貴的周邊
商品。

環保袋各£5

DATA ✕UBAKER STREET站步行1分
住231/233 Baker St., NW1 6XE ☎020-
7935-4464 時10時～18時30分 休無休

 英格蘭西北部的港都利物浦是披頭四誕生的地方。包含博物館「披頭四故事館」在內，街上有很多會令樂迷留連忘返的
景點。從倫敦的Euston站搭火車約3小時。自選行程請參照P123。

在名門音樂廳裡聆聽古典音樂

©Chris Christodoulou

1871年開幕，歷史也很悠久

皇家亞伯特音樂廳
Royal Albert Hall

可容納7000人的古典音樂殿堂

獻給維多利亞女王的王夫亞伯特公爵，玻璃打造的天花板等，富麗堂皇。是每年夏天都會舉行長達8週的古典音樂會『BBC逍遙音樂節』的主要會場。

DATA　交U SOUTH KENSINGTON站步行10分
住Kensington Gore,SW7 2AP　☎0845-401-5045（售票專線）　時休料視公演而異

在俱樂部& Live House徹夜狂歡！

The Borderline

現場演奏結束後在俱樂部裡跳上一整晚

持續引領倫敦的音樂潮流長達20年以上的知名Live House。搖滾樂及流行樂等演出者相當多元。現場演奏到22時30分結束，週二～六的23時以後是俱樂部。

DATA　交U TOTTEN HAM COURT ROAD站步行3分　住Orange Yard, Manette St.,W1D 4JB
☎020-7734-5547　☎0844-847-2465（預約門票／24小時）　時現場演奏：視公演而異、俱樂部：23時～凌晨3時（週五、六～翌4時）　休週日、一的深夜
料視公演而異

演出者請上 URL mamaco live.com/theborderline/ 確認

皇家節慶音樂廳
Royal Festival Hall

南岸藝術中心的主要音樂廳

位於泰晤士河畔的複合藝術設施內。為創設於1932年的倫敦愛樂管弦樂團和創設於1945年的愛樂管弦樂團的根據地，也會在大廳舉行免費的演奏會。

DATA　交U WATERLOO站步行3分　住Southbank Centre, Belvedere Rd., SE1 8XX　☎0844-875-0073（售票專線）　時10～23時（視演奏會等公演而異）　休無休
料免費入館（演奏會等需付費）

©the London Philharmonic Orchestra

倫敦愛樂管弦樂團會定期地舉辦演奏會

♪倫敦代表性的管弦樂團

除了倫敦愛樂管弦樂團、愛樂管弦樂團以外，由伊麗莎白女王擔任名譽總裁的倫敦交響樂團等也非常有名。

XOYO

象徵流行最前線的當紅俱樂部

2012年9月重新整修完成，1F是俱樂部的樓層，2F是酒吧。致力於培養新進的搖滾樂團，會舉辦獨家活動的週五深夜更是熱鬧非凡。

DATA　交U OLD STREET站步行1分　住32-37 Cowper St., EC2A 4AP
☎020-7354-9993
時休料視公演而異

非常高水準的演出陣容很受歡迎

♪夜生活的注意事項

看起來如果不到25歲的話，吧台會要求出示身分證明文件。另外，也請注意不要攔路上的計程車。

令人回想起那些經典畫面

電影外景地巡禮
走訪倫敦電影名景

無數深記在腦海中的電影名作，即使上映至今已經過了好幾年，那些經典畫面始終不曾忘懷。
走訪那些以倫敦為舞台的電影外景地，肯定能再次回憶起當初那份感動。

哈利波特系列
Harry Potter Series

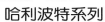

將英國女作家J·K·蘿琳的兒童文學搬上大銀幕，一共8部的大賣座系列電影。雖然大部分都是利用攝影棚的布景進行拍攝，但實際在倫敦拍攝的場景也不少，例如國王十字車站、倫敦動物園等。

哈利波特全集
收錄作品「哈利波特—神祕的魔法石」（2001年）等／華納兄弟電影公司（發行商）

Check! 可以親身體驗電影的世界！

華納兄弟片場之旅 倫敦站
Warner Bros. Studio Tour London
倫敦郊外／別冊MAP●P3D4

華納兄弟電影的主題樂園。參加「哈利波特片廠之旅」（需時3小時）可以參觀實際在電影中使用的布景和小道具。採只有參加行程才能參觀的完全預約制。也有中文的數位語音導覽（需付費）。

DATA 交英國國鐵WATFORD JUNCTION站搭接駁巴士約15分 住Studio Tour Drive, Watford, Hertfordshire, WD25 7GS
☎0845-084-0900 時10時～16時30分 休無休
料£31 URL www.wbstudiotour.co.uk/

真實感受魔法的世界。預定於2015年夏天擴建

外景地Check!

國王十字車站
King's Cross Station
肯頓鎮／
別冊MAP●P15D3
哈利出發前往霍格華茲魔法學校的車站。月台實際上是不存在的，但是車站內有拍攝紀念использу期用的「PLATFORM9 3/4」牆面和推車。

DATA 住King's Cross Station

站內並設有紀念品販賣店方便採買伴手禮

倫敦動物園
London Zoo
櫻草丘／
別冊MAP●P14A2
哈利在第1集裡和錦蛇說話的場景就是在動物園的爬蟲類館拍攝的。

DATA 參照P113

塗裝巴士行駛於最近的車站之間，心情也愈發亢奮

小小資訊 欲前往華納兄弟的主題樂園，由維多利亞站有Golden Tours公司的直達巴士（單程約2小時）行駛。入場費和去回車票的套票£59、只買去回車票則是£29，完全預約制。☎020-7630-2028 URL www.goldentours.com

福爾摩斯
Sherlock Holmes

由偵探福爾摩斯與華生博士聯手，一一解決難題的系列。除了在電影裡出現過的外景地之外，倫敦市內各地也有許多相關景點，如貝克街車站等。

2009年製作／華納兄弟電影公司（發行商）

Check! 其他與福爾摩斯有關的景點

夏洛克・福爾摩斯博物館
Sherlock Holmes Museum
馬里波恩／別冊MAP●P20B1

將福爾摩斯與華生博士租屋處的貝克街221B號改建成博物館。

DATA 交Ⓤ BAKER STREET站步行1分 住221b Baker St.,NW1 6XE ☎020-7224-3688 時9時30分～18時 休無休 料£10

夏洛克・福爾摩斯酒館
The Sherlock Holmes Pub
西敏區／別冊MAP●P24A4

切勿錯過重現了福爾摩斯書房的展示。以福爾摩斯為名的艾爾啤酒半品脫£2.05～。

DATA 交Ⓤ CHARING CROSS站步行3分 住10-11 Northumberland St.,WC2N 5DB ☎020-7930-2644 時酒館11～23時（週五、六～24時）、餐廳11～22時 休無休

 外景地Check!

共濟會會堂
Freemasons' Hall
柯芬園／別冊MAP●P24B1

地下組織共濟會的建築物。在電影中則以組織的聚會場景登場，營造出肅穆且富麗堂皇的氣氛。

DATA 交Ⓤ HOLBORN站步行5分 住60 Great Queen St.,WC2B 5AZ ☎020-7831-9811 時導覽行程11～16的整點出發（13時除外）休週六、日 料免費 ※需身分證明

參加免費行程就可以參觀豪華絢爛的內部

BJ單身日記
Bridget Jones's Diary

描寫32歲的職場女性布莉琪的工作與愛情的愛情喜劇片。布莉琪在劇中住的公寓（集合住宅）的建築物實際存在於西堤區。

 外景地Check!

布莉琪住的公寓
Bridget's Flat
南岸區／別冊MAP●P9C3

布莉琪的房間所在的2F部分是辦公室，內部不能參觀。1F則是作為酒館營業。

DATA 交Ⓤ LONDON BRIDGE站步行3分 住8 Bedale St.,SE1 9AL 時2F只能參觀外觀

2001年製作／NBC環球影業（發行商）

王者之聲：宣戰時刻
The King's Speech

根據英國國王喬治6世的真實故事拍成的傳記電影。描寫國王在語言治療師萊諾的協助下，克服口吃的過程。在馬里波恩及聖詹姆斯拍攝外景。

 **外景地Check!**

林蔭大道花園
Avenue Garden
櫻草丘／別冊MAP●P14B4

喬治6世與萊諾大吵一架的庭園，盛開著四季花卉。

DATA 交Ⓤ Regent's Park站步行1分 住Regent's Park, NW1 4NR 時日出～日落 休無休 料免費

2010年製作／See Saw Films（出品）、CatchPlay（發行商）

追加行程 電影的外景地

95

Column

感受現場的熱力！
在倫敦觀看體育賽事

聞名全球、近年來也越來越受國人關注的足球賽事「英格蘭超級足球聯賽」，以及萬眾矚目的網球賽事「溫布頓網球公開賽」等，前往現場感受當下的熱力吧！

足球 ｜ 別冊 MAP P3D4 ｜ ●兵工廠

阿聯酋航空球場
Emirates Stadium

©2012 THE ARSENAL FOOTBALL CLUB PLC

足球名門兵工廠的主場
代表倫敦的熱門足球俱樂部「兵工廠」的大本營。球場可容納6萬人，但門票太過搶手因此不做公開販售。附設有兵工廠博物館和販售球衣、周邊商品的商店。

DATA　交ⓊARSENAL站步行3分　住75 Drayton Park, London N5 1BU　參觀行程：☎020-7619-5000
時10~18時（週日~16時30分）　休比賽舉行日　料£18

橄欖球 ｜ 別冊 MAP P3C4 ｜ ●特威克納姆

特威克納姆體育場
Twickenham Stadium

也提供參觀行程橄欖球的聖地！
號稱可以容納82000人，是英格蘭代表隊的主場。2015年舉行的世界盃橄欖球賽，將在這裡進行決賽。沒有比賽的日子也提供參觀行程。

©RFU via Getty Images

DATA　交英國國鐵TWICKENHAM站步行13分
住200 Whitton Rd., TW2 7BA　參觀行程：☎020-8892-8877　時11時~、13時~、15時~（週六10時30分~、12時~、13時30分~、15時~，週日12時~、14時~）
休週一　料£16（內含博物館的入場券）

網球 ｜ 別冊 MAP P3D4 ｜ ●溫布頓

全英草地網球俱樂部
The All England Lawn Tennis Club

©AELTC/T. Lovelock.

全球最早的網球賽舞台
四大公開賽之一的「溫布頓網球公開賽」的舞台。每年6月最後的週一起，會展開為期2週的激戰。共19個場地，其中進行決賽的中央球場是每個網球選手的夢想舞台。

DATA　交ⓊSOUTHFIELDS站步行20分
住Church Rd.,SW19 5AE　☎020-8944-1066

Check! 認識自1877年持續至今的大會歷史

溫布頓草地網球博物館
Wimbledon Lawn Tennis Museum
溫布頓／別冊MAP●P3D4

位於全英草地網球俱樂部內，除了陳列著呈現溫布頓網球公開賽歷史的展示品以外，也附設有商店。還實施可以進到中央球場參觀的行程。

©AELTC/MUSEUM

DATA　☎020-8946-6131　時10時~17時30分
※比賽時僅持觀賽門票者才可以入館　休無休
料£12，附參觀行程的22。參觀行程的日期請上
URLwww.wimbledon.com/確認

小小資訊　足球賽事「英國超級足球聯賽」以倫敦為根據地的球隊一共有6支隊伍（2014-15賽季）。由於門票幾乎不公開販售，只能上官網登錄會員購票或是洽詢門票代購公司。

城市導覽

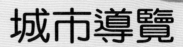

屬於一大鬧區的柯芬園～蘇活區、

有著許多皇室御用商店的梅菲爾、

時尚潮流據點的肖迪奇……等等，

為大家精選倫敦最受矚目的地區。

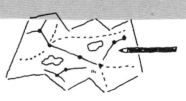

97

商店及劇場雲集、朝氣蓬勃的街道

柯芬園

讓昔日的果菜市場所在地搖身一變成為漂亮的景點。周圍還分布著劇場和熱門的商店。

這裡也要Check!
○Whittard of Chelsea 1886…P39　○Orla Kiely…P43　○Neal's Yard Remedies…P64
○Food for Thought…P74　○Machiavelli…P78　○皇家歌劇院…P91

別冊 MAP P24B2

柯芬園市集
Covent Garden Market

巨大的拱廊商店街裡商店鱗次櫛比

從17世紀持續至今的果菜市場在1980年變身成購物商場。1830年建造的拱廊商店街內聚集了造成話題的商店和咖啡廳、餐廳等。購物商場內還有以販售手工藝品、骨董聞名的蘋果市集進駐。周邊也有許多街頭藝人的表演，週末時熱鬧非凡。

DATA 交Ⓤ COVENT GARDEN站步行1分　住The Market Covent Garden, WC2E 8RF ☎0870-780-5001　時10～20時左右(週日11～18時左右，視店家而異)　休無休

十分寬敞的玻璃屋頂購物商場

別冊 MAP P24B2

蘋果市集
Apple Market

以週一的骨董市集聞名

在柯芬園市集內的北側展開的手工藝市集。有著許多賣小雜貨的商店，週一還會開設骨董市集。

DATA 交Ⓤ COVENT GARDEN站步行1分　住The Market Covent Garden, WC2E 8RF ☎0870-780-5001　時10～16時左右(視店家而異)　休無休

別冊 MAP P24B2

朱伯利市集
Jubilee Market

經濟實惠的伴手禮琳瑯滿目

在柯芬園市場南側的建築物裡，集結了販賣食品及日常用品等的商店。週一為骨董市集，週末為手工藝市集。

DATA 交Ⓤ COVENT GARDEN站步行2分　住1 Tavistock Court The Piazza, WC2E 8RF ☎020-7379-4242　時9時30分～18時30分(週一～五～16時，週六、日～17時30分)　休無休

別冊 MAP P24B2

倫敦交通博物館
London Transport Museum

交通工具的變遷一目瞭然

利用實物及照片、海報等解說倫敦交通自19世紀以後的發展歷史。有全世界第一條開通的地鐵當時的樣子等展示，充滿了可看性。在附設的商店裡有許多和交通有關的周邊商品，例如海報和雜貨等。

DATA 交Ⓤ COVENT GARDEN站步行2分　住Covent Garden Piazza, WC2E 7BB ☎020-7565-7299　時10～18時(週五11時～)　休無休　料£15

London Transport Museum © Transport for London © Diane Aukland Fotohaus

1.以前是花市的建築物　2.伴手禮琳瑯滿目，有用地鐵的座椅布製成的抱枕和手提袋等

小小寶訊　柯芬園市集周邊看得到水準非常高的街頭藝人演出，總是吸引滿滿的人潮圍觀。表演者們都具有高度的專業意識，因此欣賞完表演別忘了表示一點心意。

科陶德藝廊
The Courtauld Gallery
別冊 MAP P24B2

深入淺出地認識歐洲繪畫史

附屬於倫敦大學一部分的科陶德藝術學院的美術館。原本是起源於個人的收藏，因此法國印象派的作品相當充實。展示品依年代順序陳列，簡單明瞭地呈現了歐洲繪畫史的變遷。

DATA 交UCOVENT GARDEN站步行7分 住Somerset House Strand, WC2R 0RN 電020-7848-2526 時10～18時 休無休 料£6(週一為£3)

1.切勿錯過馬奈的『佛利貝爾傑酒店』等印象派作品
2.位在優雅的桑摩塞特宮內

Hope and Greenwood
別冊 MAP P24B2

有100種可愛的零食！

小巧玲瓏的店內販售的色彩繽紛的零食，全部出自老闆霍普先生的獨家配方。果凍£2.50～和法奇軟糖£3.49～、大妃糖£2.50～等，英國常見的零食一應俱全。也有各種製作點心的可愛道具，公開獨家配方的點心食譜也大受好評。

DATA 交UCOVENT GARDEN站步行3分 住1 Russell St., WC2B 5JD 電020-7240-3314 時11時～19時30分(週六10時30分～、週日12～18時) 休無休

1.店內充滿五顏六色的零食，也有讓點心製作變得更加有趣的道具
2.也有人遠道而來

The Rock & Sole Plaice
別冊 MAP P24A1

鬆軟好吃的炸魚&薯條

1871年創業，在當地也備受肯定的炸魚&薯條專賣店。店名的Rock、Sole、Plaice都是魚的名稱。炸魚有6種可供選擇，每一種都是份量滿點。在店內和露天座位享用時附薯條£15～。外帶炸魚£8～、附薯條£10～。

DATA 交UCOVENT GARDEN站步行3分 住47 Endell St., WC2H 9AJ 電020-7836-3785 時11時30分～23時30分(週日12～23時) 休無休

1.這裡的炸魚&薯條號稱冷了也很美味
2.天氣好的話，特別推薦可以悠閒品嘗的露天座位區

史丹福書店
Stanfords
別冊 MAP P24A2

如果要找旅行的書籍請來這裡

旅遊指南及地圖、遊記散文等國內外旅行書的專賣店。倫敦市內的地圖品項也很豐富，肯定能找到感興趣的商品。

DATA 交UCOVENT GARDEN站步行3分 住12-14 Long Acre Covent Garden,WC2E 9LP 電020-7836-1321 時9～20時(週六10～20時、週日11時30分～18時) 休無休

Polpo
別冊 MAP P24B2

6種肉丸大受好評

該餐廳供應搭配葡萄酒一同享用的小盤餐點。當中最受歡迎的是從6種口味中任選的肉丸£6～。葡萄酒相當平價，特色店酒£6/250ml～。

DATA 交UCOVENT GARDEN站步行5分 住6 Maiden Ln.,WC2E 7NA 電020-7836-8448 時12時～23時30分(週日～22時30分) 休無休

99

Covent Garden | SOHO | Mayfair Marylebone | Westminster | City Southbank | Notting Hill | Knightsbridge Chelsea | Shoreditch

充滿吸引力的娛樂地區
觀光的據點
蘇活區

地標型景點及商店等皆集中在此，是倫敦的心臟地帶。酒館等夜生活景點也很充實。

這裡也要Check!
○Liberty…P42、61　○Boots…P63
○Hix…P69　○Marks & Spencer…P84　●皇后戲院…P89

別冊 MAP P23C3
皮卡迪里圓環
Piccadilly Circus

位於倫敦市中心的廣場

名牌店林立的攝政街等大道交會的交通要衝。圓環指的是圓形廣場，但現在廣場已經不是圓形了。中央有名為沙夫茨伯里紀念碑的噴水池，噴水池上方聳立的愛神像是這裡的地標。是一座鎮日人聲鼎沸的廣場。

1.有很多巴士路線經過的交通據點
2.聳立在噴水池上的愛神像，是製作於19世紀後期的雕塑

- - - - - - - - - - - - - - - - - - - -

DATA ⓤPICCADILLY CIRCUS站即到

別冊 MAP P24A4
特拉法加廣場
Trafalgar Square

在4隻獅子守護下的勝利紀念廣場

為了紀念在1805年的特拉法加海戰中獲勝而興建的廣場。立在廣場南側的圓柱頂端聳立著將這場海戰導向勝利的尼爾森海軍司令像，腳邊坐鎮的4座銅獅像，就是東京日本橋三越的獅子像的原型。在鄰近的國家美術館前階梯上，可以遠眺白金漢宮。週末時會舉辦各式各樣的活動。

- - - - - - - - - - - - - - - - - - - -

DATA ⓤCHARING CROSS站步行1分

1.配置有噴水池的美麗廣場　2.高達50公尺的圓柱上聳立著尼爾森海軍司令像。獅子像是拍攝紀念照片的景點

別冊 MAP P23C2
卡納比街
Carnaby Street

充滿了個性十足的商店

位在攝政街東側，和攝政街平行相隔一條街的位置。過去曾是最新潮的商店雲集的街道，相當出名，現在也有許多販售獨一無二商品的個性化店家。街道是行人徒步區，因此也很適合散步。

- - - - - - - - - - - - - - - - - - - -

DATA ⓤOXFORD CIRCUS站步行4分

別冊 MAP P23D3
萊斯特廣場
Leicester Square

位於鬧區的正中央

上演音樂劇等的劇院聚集的鬧區中心。傍晚過後會聚集許多人潮，是個熱鬧非凡的區域。萊斯特廣場周遭也有許多以優惠價格販售當天門票的店家，不妨過去瞧瞧。

- - - - - - - - - - - - - - - - - - - -

DATA ⓤLEICESTER SQUARE站附近

小小資訊　從皮卡迪里圓環一路延伸的攝政街至今仍是英國皇室所有的土地。以前林立著英國的高級名牌，最近則一個接著一個地推出各國的休閒品牌。

中國城
Chinatown

歐洲規模最大的中國城

100家以上的餐廳鱗次櫛比的中國城。從便宜的餐館到高級餐廳等，一應俱全，如果想要吃中國菜的話，不妨前來一遊。餐廳之外還有美容院、超級市場等與生活息息相關的商店都集中在這裡。

DATA 交ⓤLEICESTER SQUARE
站步行2分

Newman Arms

蓬鬆美味的派皮請搭配生啤酒一起享用

這家店所提供的派指的其實是蓋上派皮，放進烤箱裡烘烤的燉煮類美食。招牌菜牛肉腰子派等加上大量熱蔬菜的餐點為£10.95～。也可以在1F的酒館用餐，如果想要慢慢享用的話，則建議前往2F的用餐室。2F最好事先訂位。

DATA 交ⓤGOODGE STREET站步行5分 住23 Rathbone St., W1T 1NG ☎020-7636-1127 時12～15時、18～22時(酒館12時～23時30分) 休週六、日

1. 戳破派皮，香味便會和蒸氣一起擴散開來 2. 建築是1730年左右建造。1F的酒館在當地也很有名

Cool Britannia

滿屋子英國米字旗商品

英國國旗花樣的商品等經典的伴手禮一應俱全。正對著皮卡迪里圓環，交通位置絕佳。由於該店營業到深夜，所以趕著補買伴手禮時，來這裡找找也非常方便。

DATA 交ⓤPICCADILLY CIRCUS
站步行1分 住225-229 Piccadilly, W1J 9HR ☎020-7839-7200
時9～24時 休無休

Koya

湯頭清淡爽口的道地讚岐烏龍麵

在倫敦，唯有這裡可以吃到道地的烏龍麵。麵和湯頭的搭配有熱湯麵、冷麵熱湯、烏龍冷麵等3種，各£6.90～。

DATA 交ⓤLEICESTER SQUARE
站步行7分 住49 Frith St., W1D 4SG ☎020-7434-4463 時12～15時、17時30分～22時30分(週日～22時) 休無休

Bar Italia

半世紀以來提供極品濃縮咖啡

自1949年創業以來，提供道地的濃縮咖啡£2.20的老字號。同時也扮演著義大利人交流的中心。從清晨開到深夜這點也很貼心。

DATA 交ⓤLEICESTER SQUARE
站步行6分 住22 Frith St., W1D 4RF ☎020-7437-4520 時7時～翌5時 休無休

Maison Bertaux

倫敦最古老的糕點店

創業於1871年的茶館，以店家自製的極品蛋糕打響知名度，味道甜而不膩。在露天座位區和2F都可以品嘗到深受倫敦人喜愛的蛋糕。切片蛋糕£4.30～。

DATA 交ⓤLEICESTER SQUARE
站步行6分 住28 Greek St., W1D 5DQ ☎020-7437-6007 時9～22時(週日～20時) 休無休

Check! 倫敦自由觀光行

搭乘開放式雙層巴士繞行市區內的倫敦自由觀光行(The Original Tour)，在主要景點附近有多達80個停靠站，行駛3條路線，每隔15分鐘1班。無論從哪裡都可以上車，採自由上下車。車票£29，24小時內有效(附免費自選行程)。除了在上車時購買(只收現金)，也可以在自由觀光行的旅客中心(別冊MAP●P23D4)或網站購買。除了巴士車票，也販售音樂劇等各種優惠票券。
URL www.theoriginaltour.com/

亦提供附外語耳機導覽的行程

坐擁綠意的梅菲爾

攝政街的西側一帶是倫敦市內數一數二的購物區。有很多夢寐以求的英國品牌。

這裡也要Check!
○Penhaligon's…P22 ○Halcyon Days…P22 ○The English Tea Room…P36
○Fortnum & Mason…P38 ○Mackintosh…P46 ○Vivienne Westwood…P48

別冊 MAP P7C4

格林公園
Green Park

座落在市區中心的休憩公園

位於倫敦的9座皇家公園之一。19萬平方公尺的腹地內有林蔭大道和草坪廣場，雖然鄰近購物區，環境卻十分安靜。週末時會有人前來散步和騎自行車、享受野餐的樂趣等。公園南側則是白金漢宮。

在19世紀初期開始對一般民眾開放

DATA ✕Ⓤ GREEN PARK站步行1分 ☎0300-061-2350
時24小時 休無休

別冊 MAP P22B3

皇家拱廊
The Royal Arcade

皇室御用的玻璃屋頂商店街

歷史悠久，長約50公尺的拱廊商店街。1879年設立當時稱為The Arcade，後來有皇室御用的商店進駐，因而改成現在這個名字。至今仍林立著販賣高品質產品的商店。

DATA ✕Ⓤ GREEN PARK站步行4分

別冊 MAP P22B2

薩維爾街
Savile Row

西裝一詞來源的訂製裁縫店街

林立著高級西裝的裁縫店。有很多自18世紀開到現在的商店及皇室御用的商店，來這裡訂製西裝也是英國紳士身分地位的象徵。從馬路上也可以稍微看到地下室的工作室裡的樣子。

DATA ✕Ⓤ PICCADILLY CIRCUS站步行6分

別冊 MAP P23C3

皇家藝術學院
Royal Academy of Arts

英國最古老的皇家美術館

設立於1768年，是英國第一家皇家藝術學院的附屬美術館。會員名冊上全都是英國藝術的權威，是一座大有來頭的學校。珍藏著雷諾茲及透納等18世紀以後的繪畫及雕刻作品。除了在常設主要展示廳舉辦的企畫展外，也別錯過展示館藏作品的小規模企畫展。

DATA ✕Ⓤ PICCADILLY CIRCUS站步行4分
住Burlington House, W1J 0BD ☎020-7300-8000
時10〜18時（週五〜22時） 休無休 料視展示而異

1.位於面向皮卡迪里的伯靈頓宮裡 2.館內的商店裡販賣著企畫展的相關商品等

小小資訊 Sketch the Lecture Room位於Sketch the Parlor的2F，是一家米其林2星級的餐廳。由皮耶．加尼葉掌廚的風味典雅法國菜有2種午間全餐£35〜，需訂位。☎020-7659-4500

The East India Company

改頭換面的東印度公司

東印度公司設立於1600年，曾經是英國對東方貿易的對外窗口，盛極一時。其名稱隔了135年又在倫敦重新登場。洋溢高級感的店內陳列著120種以上的紅茶和香草茶、50種咖啡、果醬、巧克力等。下午茶時使用得到的小東西也一應俱全，很適合買來作為伴手禮。

DATA 交U OXFORD CIRCUS站步行4分 住7-8 Conduit St., W1S 2XF ☎020-3205-3395 時10～19時(週日12～18時) 休無休

1.寬敞的店內典雅的商品陳列
2.茶葉1罐£9.95～，咖啡為250克£10

Browns

人氣品牌大集合

該店在網羅眾多國內外知名品牌的精品店類型中，可說是開拓者。總是比其他店家早一步引進最新商品，提供最新的潮流資訊。

DATA 交U BOND STREET站步行1分 住24-27 South Molton St., W1K 5RD ☎020-7514-0016 時10時30分～19時(週四～19時30分) 休週日

Molton Brown

來自倫敦的天然系美妝品

1973年在倫敦創業，從此只提供堅持英國製造的天然系美妝品。對身體溫和不刺激的產品也常作為高級飯店的備品供應，在海外也十分受歡迎。

DATA 交U OXFORD CIRCUS站步行2分 住227 Regent St., W1B 2EF ☎020-7493-7319 時10～20時(週日11～18時) 休無休

Nicole Farhi

讓上班族的假日時尚化

出生於法國的設計師在倫敦成立的品牌，既摩登又優雅。除了有男裝、女裝以外，也開始推出飾品等商品。

DATA 交U OXFORD CIRCUS站步行5分 住25 Conduit St., W1S 2XU ☎020-7499-8368 時10～18時(週四、六～19時，週日12時～) 休無休

Acne Studios

掀起話題的品牌旗艦店

瑞典的知名品牌在英國的旗艦店。由4層樓構成的店內除了牛仔褲和鞋子以外，還擺滿了最新款式的流行服飾。男性用的商品也一應俱全。

DATA 交U GREEN PARK站步行2分 住13 Dover St., W1S 4LN ☎020-7629-9374 時10～19時(週日12～17時) 休無休

Sotheby's Café

拍賣會的咖啡廳

在優雅的氣氛下，供應紅茶及司康等輕食。本來是提供拍賣會的貴賓使用的，但是也接待一般客人。除了早餐及午餐以外，15時後也提供英式下午茶£9.10。

DATA 交U BOND STREET站步行7分 住34-35 New Bond St., W1A 2AA ☎020-7293-5077 時9時30分～17時 休週六、日

Sketch the Parlor

嶄新的法式茶館

前衛的法國菜主廚皮耶，加尼葉推出的茶館，可以在時尚的空間裡享用紅茶。2F是米其林2星級的餐廳。

DATA 交U OXFORD CIRCUS站步行4分 住9 Conduit St., W1S 2XG ☎020-7659-4500 時8時～翌2時(週六10時～、週日10～24時) 休無休

Covent Garden | SOHO | Mayfair Marylebone | Westminster | City SouthBank | Notting Hill | Knightsbridge Chelsea | Shoreditch

103

探訪高級精品店與博物館

騎士橋～切爾西

林立著大型博物館的騎士橋與地處高級住宅區的切爾西。也有很多名牌精品店。

這裡也要Check! ○維多利亞與亞伯特博物館…P28 ○Harrods…P60 ○Harvey Nichols…P61
○The Cadogan Arms…P73 ○Dri Dri…P83 ○切爾西藥草園…P87

薩奇藝廊
別冊 MAP P11D3
Saatchi Gallery

英國現代藝術的寶庫

展示著大型廣告公司的創辦人查爾斯・薩奇的收藏品,以1980年代以後的前衛英國藝術為中心的藝廊。在挖掘與援助新銳藝術家上也不遺餘力,會舉行各式各樣的企畫展。以前位於南岸區,2008年在這個地點重新開幕。

- -

DATA 交U SLOANE SQUARE站步行4分 住Duke of York's HQ King's Rd., SW3 4RY ☎020-7811-3085 時10～18時 休無休 料免費

© StephenWhite, 2012

© Matthew Booth, 2008

1.企畫展Out of Focus的展示 2.建築物就位在面對著國王大道的廣場後面

科學博物館
別冊 MAP P18A3
Science Museum

網羅了工業革命以來的科學技術

介紹自18世紀後期的工業革命以來急速發展的科學技術的變遷。依主題分門別類地展示著所有權屬於國家的15000件展示品。從蒸氣火車的構造到電信、海洋、宇宙,種類多樣的展館多達40個以上。可以透過實物及模型、展示板、體驗等學習科學。

- -

DATA 交U SOUTH KENSINGTON站步行5分 住Exhibition Rd., SW7 2DD ☎0870-870-4868 時10～18時 休無休 料免費(也有收費的設施)

1.世界上第一輛載客用的蒸氣火車頭史蒂文森的火前號 2.天花板挑高的佈大館內集結了科學技術

Check! 前尼路與藍色徽章

位於泰晤士河沿岸的前尼路Cheyne Walk(別冊MAP●P11C4)是閑靜的散步道。林立在馬路兩旁的房子都是建造於18世紀前半的建築物。牆壁上可以看到藍色的門牌,稱之為藍色徽章,代表這是跟知名人士有關係的建築物。

藍色徽章的門牌。不妨在散步的時候找找看

The Chelsea Teapot
別冊 MAP P10B4

粉彩色的茶館

牆壁上陳列著茶壺和茶具的可愛茶館。附有三明治及司康、點心等的傳統英式下午茶£19.50,非常受歡迎。

- -

DATA 交U SLOANE SQUARE站步行15分 住402 King's Rd., SW10 0LJ ☎020-7751-5975 時9～17時(週六10時～18時30分,週日12～18時) 休週一

小小資訊 在倫敦市內的各個角落裡都可以發現藍色徽章。這個地區最有名的是作家王爾德的故居(別冊MAP●P11C4)。

The Shop at Bluebird

時髦的切爾西女孩們最愛用

從知名設計師到默默無名的新人，廣泛蒐羅最新商品的精品店。寬敞的店內在成衣和流行商品之間，配置了家具和雜貨、書等品項，品味極佳。女裝和男裝的品項也都經過精心挑選。

DATA　交⑪SLOANE SQUARE站步行14分　住350 King's Rd., SW3 5UU　☎020-7351-3873　時10～19時（週日～18時）　休無休

1.掛著無數燈泡的店內呈現獨特空間
2.便宜的雜貨類只要£30左右

Worlds End

「龐克教母」的原點

以「龐克教母」聞名的設計師薇薇安‧魏斯伍德和合夥人馬克賴倫於1971年共同開設的第一家店，1979年時更改店名營業至今。地板傾斜的小店內，充滿薇薇安的巧思。是一間有許多名流來訪的傳說級店家。

DATA　交⑪SLOANE SQUARE站步行15分　住430 King's Rd., SW10 0LJ　☎020-7352-6551　時10～18時　休週日

掛在牆壁上的大鐘是標記。T恤£35～

Anya Hindmarch Bespoke

可以訂做喜愛的設計風格

皮包及錢包等可以量身訂製的商品有200種以上，可以把自己想要的圖案帶去印在化妝包上等，£135～。商品也可以利用DHL寄送到其他國家。

DATA　交⑪SLOANE SQUARE站步行10分　住15-17 Pont St., SW1X 9EH　☎020-7838-9177　時10～18時　休週日

Philip Treacy

各種前衛的帽子

以上流人士愛用，充滿獨創性的帽子聞名。除了豪華中兼具實用性的帽子以外，也推出皮包等流行單品。巴拿馬帽£400～等的帽子是皇室御用商品。

DATA　交⑪SLOANE SQUARE站步行10分　住69 Elizabeth St., SW1W 9PJ　☎020-7730-3992　時10～18時（週六11～17時）　休週日

Jimmy Choo

以優雅的鞋子打響知名度

以鞋子聞名的英國名牌總店，客層遍及全球的貴婦名媛。散發出細緻品味的女鞋£225～。也有皮包和男性用品。

DATA　交⑪KNIGHTSBRIGE站步行3分　住32 Sloane St., SW1X 9NR　☎020-7823-1051　時10～18時30分（週三～19時、週日12～17時）　休無休

Cabbages & Roses

融入生活的實用商品

誕生自英國的紡織品名牌，每年都會推出新的紡織作品。家居服及日常用品等商品琳瑯滿目。藍莓香味的蠟燭£28。

DATA　交⑪SLOANE SQUARE站步行14分　住121-123 Sydney St., SW3 6NR　☎020-7352-7333　時10～19時（週三～20時、週日12～17時）　休週日

因電影而變得家喻戶曉的流行重鎮

諾丁丘

因『新娘百分百』而一舉成名的時尚地區，到處都是品味絕佳的商店。

這裡也要Check!
○Paul Smith…P47　○波特貝羅市集…P58
○Daylesford Organic…P75　○Ottolenghi…P80　○The Hummingbird Bakery…P82

別冊 MAP P4B4

The Churchill Arms

以泰國菜為賣點的地標型餐廳

妝點著四季花卉的外觀十分引人注目的美食酒館。店內有馬蹄形的吧台，巨大的鍋子和茶壺從天花板垂吊下來，十分有情調。內部設有桌席的用餐空間，可以品嘗到很受當地外僑歡迎的泰國菜。店員們都很親切，營造出賓至如歸的氛圍。

DATA　交UNOTTING HILL GATE站步行4分　住119 Kensington Church St., W8 7LN ☎020-7727-4242 時11～23時(週四~六為~24時，週日12時~22時30分) 休無休

1．可以選擇溫和到麻辣口味的餐點為£7.50，是非常受歡迎的餐廳　2．花團錦簇，宛如地標般的存在

別冊 MAP P4A1

George's Portobello Fish Bar

家族經營的炸魚&薯條

據說是知名主廚傑米．奧利佛讚譽有加的炸魚&薯條專賣店。自1961年創業以來，就持續以家族經營的方式，是當地很有名的餐廳。當場現炸的魚排鬆軟可口，有6種左右可選，£7～。也提供烤肉和漢堡等燒烤菜色及素食餐點。

DATA　交ULADBROKE GROVE站步行4分　住329 Portobello Rd., W10 5SA ☎020-8969-7895 時11時~23時30分(週六~21時，週日12時~21時30分) 休無休

1．河鱈£7，再加£1.80～就會附上薯條。店內有個小小的吧台座位區
2．外面也準備了桌席

別冊 MAP P4B2

Lucky 7

美味絕倫的漢堡

康藍爵士的兒子湯姆開的正統美式餐廳。100%安格斯牛肉的漢堡£6.95～，早餐的份量也很驚人。

DATA　交UWESTBOURNE PARK站步行4分　住127 Westbourne Park Rd., W2 5QL ☎020-7727-6771 時12~23時(週五~23時30分，週六、日9時~23時30分) 休無休

別冊 MAP P2A2

Dock Kitchen

水岸的設計師餐廳

店內是由湯姆．迪克森操刀的開放式廚房，提供風味絕佳的無國界美食。除主餐£17.50～的單點菜色以外，晚間套餐也很受歡迎。

DATA　交ULADBROKE GROVE站步行15分　住342/344 Ladbroke Grove, W10 5BU ☎020-8962-1610 時12時~14時30分、19時~21時30分(週日12時~15時30分) 休週日晚上

小小情報　諾丁丘是很漂亮的住宅區。在地鐵4站所圈起來的區域內座落著許多商店，因此步行逛街很容易累。由於東西、南北向都有巴士行駛於其間，不妨善加利用。

Books for Cooks
別冊 MAP P4A2

世界各國的烹飪書達1萬本以上！

專門販賣世界各國烹飪書的專賣店。據說有些時期
店裡的書甚至多達12000本。店內深處還設置了可以
試作書中食譜的廚房，提供午餐。2道菜套餐£5、3
道菜套餐£7。

DATA　交Ⓤ WESTBOURNE PARK站步行4分
住4 Blenheim Crescent, W11 1NN ☎020-7221-1992
時10～18時 休週日、一、8月的3週

1.午餐從12時開始。
由於數量有限，而且不
能訂位，所以必須早點
過去排隊　2.倫敦唯
一一家烹飪書專賣店

Melt
別冊 MAP P4B2

看日本籍的巧克力師傅大顯身手

首席巧克力師傅渡邊先生親手做的巧克力甜而不
膩，風味絕佳。店裡也有廚房，招牌的生巧克力據
說是熱賣商品，一下子就會賣光。展示櫃也很可
愛。

DATA　交Ⓤ NOTTING HILL GATE站步行8分
住59 Ledbury Rd., W11 2AA ☎020-7727-5030
時10時～18時30分(週日11～16時) 休無休

1.五顏六色的巧克力
迷你棒為£2.60。也
有送禮用的禮盒
2.深受當地人喜愛的
店

城市導覽 諾丁丘

Rough Trade
別冊 MAP P4A2

引領著倫敦的音樂潮流

創業於1976年，隨後即孕育出Rough Trade
Records，在提到英倫音樂時是不得不說的商
店。後來2家店分開，但商店本身做為音樂人的
聖地，人氣不減當年。小小的店內幾乎快要音樂
CD淹沒，地下室還有音樂迷不能錯過的二手專
區。

DATA　交Ⓤ WESTBOURNE PARK站步行5分　住130
Talbot Rd., W11 1JA ☎020-7229-8541　時10時～18時
30分(週日11～17時) 休無休

1.無數的音樂CD皆
£10～上下　2.門口
很窄，很容易錯過的外
觀。也有很多樂迷是以
朝聖的心情來拜訪的

Joseph
別冊 MAP P4B2

熱賣的長褲能修飾腿部線條

以具有修飾腿部線條效果和配色獲得好評，成長
為世界知名的品牌。在國內也掀起了一陣美腿的
旋風。另外也發展出男裝線。長褲£200～左右。

DATA　交Ⓤ NOTTING HILL GATE
站步行9分 住236 Westbourne
Grove, W11 2RH ☎020-7243-
9920 時10時～18時30分(週日12～
18時) 休無休

202 Café
別冊 MAP P4B2

附近貴婦們御用的時尚咖啡廳

陳列Nicole Farhi商品的咖啡餐廳。主餐£12.50
～、湯品£6.50～的午餐非常受到附近的貴婦喜
愛。位在店內深處的中庭也很舒適。

DATA　交Ⓤ NOTTING HILL GATE
站步行9分 住202 Westbourne
Grove, W11 2RH ☎020-7727-
2722 時8時30分～22時(週一～三為
～18時，週日10～17時) 休無休

Covent Garden | SOHO | Mayfair Marylebone | Westminster | City Southbank | Notting Hill | Knightsbridge Chelsea | Shoreditch

107

在泰晤士河的風吹拂下散步

觀光景點雲集的南岸區

因都市開發而改頭換面的泰晤士河南岸，不妨在充滿了新舊魅力的河岸邊散步。

這裡也要Check! ○泰特現代美術館…P30 ○設計博物館…P31 ○倫敦眼…P33
○千禧橋…P33 ○倫敦市政廳…P34 ○皇家節慶音樂廳…P93

別冊 MAP P8B3

千禧之哩
The Millennium Mile

在微風吹拂下的泰晤士河畔散步

為紀念2000年進行都市開發的時候，重新整修的觀光步道。從巨大摩天輪倫敦眼到倫敦塔橋附近，實際上有長約2英哩（3.2公里）的距離。如果要參觀座落周邊的觀光景點得花上整整一天，光是散步最好也要騰出半天的時間。

1.攝於倫敦塔橋。圓形的建築物就是倫敦市政廳 2.千禧橋與聖保羅大教堂

- -

DATA 交ⓊWATERLOO站、LONDON BRIDGE站等

別冊 MAP P8A3

南岸藝術中心
Southbank Centre

音樂&藝術的複合設施

在倫敦交響樂團的根據地皇家節慶音樂廳（→P93）和伊莉莎白女王廳、海沃藝廊等3棟主要建築物裡，有宣揚倫敦文化的設施進駐。自1950年代起，一路演進、發展至今，目前看到的建築物是隨著2000年的都市計畫興建的。也有可以一面休息一面欣賞泰晤士河景的咖啡廳。

- -

DATA 交ⓊWATERLOO站步行10分 住Belvedere Rd.,
SE1 8XX ☎020-7960-4200 時休料視設施而異

座落於泰晤士河畔的現代設施

別冊 MAP P8A3

海沃藝廊
Hayward Gallery

展示著新銳藝術家的作品

由大英藝術評議會所經營的藝廊。沒有常設展示，而是推出繪畫及雕刻的企畫展。可以遇見將擔綱下一個世代的藝術家作品。

- -

DATA 交ⓊWATERLOO站步行10分 住Belvedere Rd., SE1 8XX
☎020-7960-4200 時10～18時（週四、五～20時，週一12時～）
休無休 料視展示而異

別冊 MAP P8A4

倫敦海洋生物水族館
Sea Life London Aquarium

500種魚類等候您大駕光臨

3個樓層裡一共有14個主題區，展示著500種以上的魚類。其中又以可以近距離觀賞的12種鯊魚最震撼人心。泰晤士河的魚類專區也很受歡迎。

- -

DATA 交ⓊWATERLOO站步行5分
住County Hall, Westminster Bridge
Rd., SE1 7PB ☎0871-663-1678
時10～19時（視季節而異） 休12/25
料£21.60

小小資訊 外觀奇特的倫敦市政廳是英國建築師諾曼‧福斯特的作品。以「小黃瓜」之名為人所知的聖瑪莉斧街30號及千禧橋、大英博物館的大中庭也都是福斯特的作品。

泰特英國美術館
別冊 MAP P12B2
Tate Britain

琳瑯滿目的透納收藏品

由國家美術館的英國藝術部門獨立而成，後來也開始經手海外的作品，自2001年以來便成了英國藝術專區。英國最引以為傲的畫家威廉‧透納的收藏品規模可以說是世界第一。在克洛藝廊Clore Gallery裡可以欣賞到常設展示。其他英國畫家的作品也不容錯過。

- - - - - - - - - - - - - - - - - - - -

DATA 交Ⓤ PIMLICO站步行10分 住Millbank, SW1P 4RG ☎020-7887-8888 時10～18時 休無休 料免費

波若市集
別冊 MAP P9C4
Borough Market

享受採買美食，充滿朝氣的市場

擺滿了肉及蔬菜等生鮮食品與起司、義式臘腸、有機產品等，是倫敦最古老的市場。最令人期待的是從週三到週六市場內雲集的美食攤販。提供英國以及世界各地的食物，人聲鼎沸。

- - - - - - - - - - - - - - - - - - - -

DATA 交Ⓤ LONDON BRIDGE站步行2分 住8 Southwark St., SE1 1TL ☎020-7407-1002 時10～17時(週五～18時，週六8時～) 休週日

1. 陳列著新鮮的蔬菜和水果，同時也是倫敦市民的廚房 2. 熱門的美食攤販每到午餐時間都會大排長龍

Check! 康藍化腐朽為神奇的倉庫街

倫敦塔橋的東側、泰晤士河南岸一帶是名為巴特勒茲碼頭Butler's Wharf（別冊MAP●P9D4）的區域。過去曾經是破舊的倉庫街，後來在泰倫斯‧康藍爵士的點石成金下，變身成時尚的街道。除了有餐廳及商店以外，百貨公司也一應俱全。

巴特勒茲碼頭的巷弄裡還殘留著倉庫街的風情

奧索大樓
別冊 MAP P8A3
OXO Tower

OXO的文字非常搶眼

以固體高湯塊為人所知的OXO公司的大樓。重新改建之後，變身為集結商店及藝廊的時尚觀光景點。從咖啡廳看出去的風景也很美。

- - - - - - - - - - - - - - - - - - - -

DATA 交Ⓤ WATERLOO站步行12分 住OXO Tower Wharf, Barge House St., SE1 9PH ☎020-7803-3888 時休視設施而異

HMS貝爾法斯特號
別冊 MAP P9D3
HMS Belfast

活躍於第二次世界大戰

建造於1938年，是英國海軍的輕巡洋艦。自退役後的1971年起開放內部參觀。狹窄的館內使用了蠟像等，重現當時活動的樣子。

- - - - - - - - - - - - - - - - - - - -

DATA 交Ⓤ LONDON BRIDGE站步行5分 住The Queen's Walk, SE1 2JH ☎020-7940-6300 時10～18時(11～2月～17時) 休無休 料£14.05

The Anchor
別冊 MAP P9C3

泰晤士河南岸的休閒場所

1676年創業，歷史悠久的酒館。分成好幾個樓層，其中2F還有炸魚&薯條的賣場。氣氛也很好，適合小憩片刻。

- - - - - - - - - - - - - - - - - - - -

DATA 交Ⓤ LONDON BRIDGE站步行6分 住34 Park St., SE1 9EF ☎020-7407-1577 時11～23時(週四～六～24時，週日12～22時) 休無休

次文化的傳播據點
最流行的區域
肖迪奇

昔日的貧民區成為藝術家雲集的次文化傳播據點，年輕人最愛的重點地區。

這裡也要Check! ○Vintage Heaven…P40 ○Le Grenier…P41 ○Ryantown…P57
○史派特市集…P58 ○Albion…P79 ○Verde & Co…P81

 別冊MAP P25A2 # Boundary

康藍爵士的企畫

出於康藍爵士本身的設計，對維多利亞時代的倉庫加以改建。2009年因有飯店及餐廳、咖啡廳進駐，搖身一變成為複合設施。地下1F是複合式美食的餐廳Boundary，1F是Albion（→P79），2～3F規劃成飯店，頂樓則是視野絕佳的餐廳。

```
DATA  ⊗ⓊLIVERPOOL STREET站步行7分  住2-4
Boundary St., E2 7DD  ☎020-7729-1051  Boundary：
時18時30分～22時30分（週日12～16時）  休無休
```

頂樓的餐廳是在2013年夏天重新開幕的

 別冊MAP P25B2 # Beyond Retro

巨大倉庫裡塞滿了二手商品

曾經獲選為Time Out雜誌最佳二手店的名店。倉庫改建而成的寬敞店內有超過1萬件1900年代以來的二手流行服飾。由於每天都會有新商品不斷湧入，因此商品的汰換速度非常快。所有的東西都可以用便宜的價格買到，整家店宛如驚喜的寶盒。

```
DATA  ⊗ⓊLIVERPOOL STREET站步行15分  住110-
112 Cheshire St., E2 6EJ  ☎020-7613-3636  時10～
19時（週四～20時，週日11時30分～18時）  休無休
```

1.從宴會穿的禮服到飾品，商品種類琳瑯滿目 2.這裡是在海外也有分店的知名商店的第一家店

 別冊MAP P25B3 # Rokit

英國骨董品的愛好者絕不能錯過

發源自肯頓鎮的二手店。1940～80年代的二手商品琳瑯滿目。同一條路上緊鄰著男裝店和女裝店。

```
DATA  ⊗ⓊLIVERPOOL
STREET站步行8分  住107
Brick Ln. E1 6SE  ☎020-
7375-3864  時11～19時（週
六、日10時～）  休無休
```

Check! 週末前往色彩繽紛的花市

漂亮的商店都集中在哥倫比亞路上，每週日會擺出哥倫比亞路花市Columbia Road Flower Market（別冊MAP●P25B1）。街道兩旁是鱗次櫛比的商店，販賣著鮮花和盆栽、球根以及園藝用品等商品。是愛花人絕對無法抗拒的市場。

花市會從週日8時開到15時左右

 紅磚巷（別冊MAP●P25B3）為肖迪奇的心臟地帶，是很有名的咖哩街，南側林立著便宜又道地的咖哩店，也有號稱是倫敦最早的貝果店，兩者皆大排長龍，名聞遐邇。

Angela Flanders Perfumer
別冊MAP P25B1

各種以手工精心製作的香水

前服裝設計師Angela Flanders開的店。用天然香精調配而成的香水吸引了大批忠實顧客,也可以量身打造只屬於自己的香水。在史派特市集附近還有第2家分店(別冊MAP●P25A4)。

1.香水為50mℓ£55～,也有護膚用品及沐浴用品等 2.只有週六、日營業,因此遇一～五請前往2號店

DATA 交Ⓤ LIVERPOOL STREET 站步行15分 住96 Columbia Rd., E2 7QB ☎020-7739-7555 時10～16時(週六採預約制) 休週一～五

J&B The Shop
別冊MAP P25B1

2位藝術家親手製作的雜貨

由Jessie Chorley和Buddug Humphreys共同經營的小店。店裡擺滿手工藝品和服飾、家居用品等,每一件都是充滿個性又可愛的商品。

DATA 交Ⓤ LIVERPOOL STREET 站步行16分 住158a Columbia Rd., E2 7RG ☎077-0470-8577 時12～17時(週六～16時30分,週日9時～16時30分) 休週一～三

St. John Bread & Wine
別冊MAP P25B3

米其林1顆星的分店

位於克勒肯維爾,擁有米其林一星的名店St. John(別冊MAP●P8B1)的分店之一。使用了英國產的當季食材,將食材的原味發揮到淋漓盡致的餐點,實力一點也不輸給總店。尤其是肉類,更是佳評如潮,葡萄酒單也應有盡有。

DATA 交Ⓤ LIVERPOOL STREET 站步行5分 住94-96 Commercial St., E1 6LZ ☎020-7251-0848 時9～11時、12～15時(週六、日～16時)、18～23時(週日～21時) 休無休

1.菜色每天都一樣,主餐為£17左右～ 2.靠近史派特市集,葡萄酒和麵包也有零售

@Work
別冊MAP P25B3

風格十分搶眼的個性化飾品

店內擺滿由年輕設計師著手設計,有著誇張造型和搶眼設計的個性化飾品。從塑膠材質到銀製品,商品種類相當廣泛,價格相對合理。設計搶眼的飾品光是搭配簡單的服裝風格,就能提升時尚度。

DATA 交Ⓤ LIVERPOOL STREET 站步行7分 住160 Brick Lane, E1 6RU ☎020-7377-0597 時11～18時(週日12時30分～17時30分) 休無休

1.入口風格低調,請留心別錯過了 2.寶石耳環£12～、對戒£51～等等

Leila's Shop
別冊MAP P25A2

樸實簡單的食品雜貨咖啡廳

附設有販賣食材的商店,是一家有機的咖啡廳。可以在宛如鄉下餐館般質樸的店內,細細品嘗焗蛋£6～等餐點。

DATA 交Ⓤ OLD STREET 站步行10分 住17 Calvert Ave., E2 7JP ☎020-7729-9789 時10～18時(週日～17時) 休無休

111

Covent Garden | SOHO | Mayfair Marylebone | Westminster | City Southbank | Notting Hill | Knightsbridge Chelsea | Shoreditch

時尚敏銳度高的人們嚮往的地區

克勒肯維爾～天使區

設計師等職業的事務所聚集，具有高時尚敏銳度的地區。也有許多優雅的美食餐廳。

這裡也要Check!

○After Noah…P41　○Loop…P53　○肯頓走廊…P59
○The Modern Pantry…P68　○Morito…P77　○沙德勒之井劇院…P91

 別冊MAP P16A4

Caravan

可以品嘗到嶄新的無國界美食

包含亞洲在內，將全世界的食材巧妙地融合的創意無國界餐廳。招牌的玉米麵包£4等，餐點分成小盤£5～和大盤£15左右的2種份量。除了供應各種杯裝的葡萄酒，店家自行烘焙的咖啡也很受歡迎。

DATA 交ⓊFARRINGDON站步行10分 住11-13 Exmouth Market, EC1R 4QD ☎020-7833-8115 時8時～11時30分、12時～22時30分（週六10～16時、17時～22時30分，週日10～16時）休無休

1.食材意外的組合堪稱絕妙。只要大廚點頭，可以嘗試各式各樣的搭配
2.位於餐廳激戰區

 別冊MAP P16A4

The Eagle

美食酒館的領航者

讓酒館變成可以享用美食的場所，具有不可動搖的領航地位。將開放式廚房設置在充滿開放感的餐廳一隅，可以看到廚師大展身手。會把每日替換的菜單寫在廚房上方的黑板上，點菜率最高的牛肉三明治£10.75。

DATA 交ⓊFARRINGDON站步行9分 住159 Farringdon Rd., EC1R 3AL ☎020-7837-1353 時12～23時（週日～17時）休無休

1.精心烹調的牛肉三明治。廚房在午餐和晚餐之間是關閉的
2.也有露天座位區

 別冊MAP P16A4

Moro

很難訂到位子的異國美食

供應西班牙和北非相當精緻的摩爾美食。自1997年開幕以來人氣歷久不衰，必須事先定位。前菜£8.50左右～、主餐£19左右。

DATA 交ⓊFARRINGDON站步行10分 住34-36 Exmouth Market, EC1R 4QE ☎020-7833-8336 時12時～14時30分、18時～22時30分（週日12時30分～14時45分）休無休

Check! 前往最近當紅的天使區

如果想要體驗最新潮的倫敦，不妨前往天使區。以上街Upper St.（別冊MAP●P16A2）為中心，時尚的咖啡廳和商店陸陸續續開張，形成充滿個別風格的街區。每週三、六在肯頓走廊舉辦的骨董市集（→P59）也很受歡迎。

ANGEL站是最近的地鐵站

 小小資訊

在肯頓市集附近的乘船處（別冊MAP●P14B1）會推出運河之旅。約1小時的行程，可以看到倫敦市區的另一種風情。

倫敦首屈一指的高級住宅區

櫻草丘～肯頓鎮

泰晤士河

位於倫敦北部，綠意盎然的高級住宅區。緊鄰以流行時尚為賣點的市集。

這裡也要Check! ○攝政公園…P87

別冊 MAP P14A1 櫻草丘
Primrose Hill

飽覽市區風景的小山丘

緊鄰著廣大的攝政公園北側，長滿草皮的山丘。園內設置著步道，海拔78公尺的山頂上是可以將倫敦市區盡收眼底的眺望景點。有很多知名人士住在周圍林立著維多利亞時代建築物的高級住宅區裡，非常有名。與音樂及文學作品的淵源也很深厚。

DATA ⊗ⓊCHALK FARM站步行15分

從山頂上看到的風景，同時也是附近居民的休閒場所

別冊 MAP P14A1 Primrose Bakery

安心、安全的杯子蛋糕

在倫敦掀起這波杯子蛋糕風潮的店。有將近50種以上的杯子蛋糕，有正常版£2.25～、迷你版£1.25～兩種大小。看起來很可愛，甜味也很高雅，深受U2及凱特·摩絲等名人的喜愛。粉彩色的店內也有內用的空間。是非常受倫敦女孩支持的店。

DATA ⊗ⓊCHALK FARM站步行5分 ⊕69 Gloucester Ave., NW1 8LD ☎020-7483-4222 時8時30分～18時（週日9時30分～）休無休

1.五顏六色的杯子蛋糕。聖誕節等節日還會推出特別版的蛋糕
2.展示櫃也很可愛

別冊 MAP P14A2 倫敦動物園
London Zoo

可以看到世界各地的動物們

於19世紀中葉開園，歷史悠久的動物園。飼養著大猩猩及狐獴、歐卡皮鹿等近750種動物。也會舉辦很多介紹動物生態的活動。

DATA ⊗ⓊCAMDEN TOWN站步行15分 ⊕Outer Circle, Regent's Park, NW1 4RY ☎020-7722-3333 時10～17時（視季節而異）休無休 料£26

Check! 週末前往肯頓市集

緊鄰櫻草丘的肯頓鎮是龐克搖滾的發祥地，聲名遠播。集結了好幾個市集的肯頓市集Camden Market（別冊MAP●P14B1）每到了週末便會被打扮誇張的年輕人擠得水洩不通。

陳列著千奇百怪的商品，也有世界各國美食的攤販

113

Covent Garden | SOHO | Mayfair Marylebone | Westminster | City Southbank | Notting Hill | Knightsbridge Chelsea | Shoreditch

從重新翻修到全新開幕
找出「自己中意的旅館」
在倫敦引起話題的飯店

飯店的選擇將是左右旅行回憶的一大重要環節，因此請仔細分析比較！
倫敦有重新翻修以及全新開幕的飯店。不妨在熱門的飯店度過舒適的一晚。

室內設計也很優雅

肯頓鎮　別冊MAP P15D3

倫敦聖潘克拉斯萬麗酒店
St.Pancras Renaissance Hotel

散發著大英帝國的風華

將附設於聖潘克拉斯站的維多利亞王朝新哥德式建築的飯店重新翻修成5星級飯店。飯店內大樓梯和利用過去的售票亭改建而成的酒吧&餐廳等，巧妙地融合了歷史的風情和現代化樣貌。

DATA　交UKING'S CROSS ST.PANCRAS站步行1分　住Euston Rd.,NW1 2AR　☎020-7841-3540　料Barlow雙床房£225～　245室 R P F

1.樓梯設計給人深刻印象的樓梯套房
2.3張床的皇家套房
3.開放式的大廳
4.酒吧&餐廳

米字旗設計非常可愛♪

©Jefferson Smith

克勒肯維爾　別冊MAP P16A4

The Zetter Townhouse

奇妙風格的小型飯店

利用喬治王朝時代的連棟別墅，於2011年開業。由室內設計師Russell Sage親手操刀的客房全都配置著個性十足的骨董家具，13個房間的裝潢全都各異其趣。

DATA　交UFARRINGDON站步行5分　住49-50 St. John's Sq.,EC1V 4JJ　☎020-7324-4567　料連棟別墅俱樂部£198～　13室 R

1.以「俱樂部」為名的客房之一　2.非常舒適的交誼廳酒吧　3.簡直是童話書裡的世界　4.浴缸擺的位置也很酷

Check! 不妨先記住飯店工作人員的職稱

在英國，有時會稱客房清潔人員為Chambermaid，管家（Housekeeper）則是負責管理Chambermaid。負責搬運客人行李的門童（Bellboy）則分為在門房（Concierge）工作，在侍者領班（Bell Captain）、行李房（Bell Desk）底下工作。沒有侍者領班的飯店則是稱門房為Hall Porter、簡稱門童為Porter。

 柯芬園　別冊 MAP P24B3 **The Savoy**

系出名門的飯店華麗變身

1889年創業的名門飯店，花費總金額2億英磅的巨資，在2010年重新翻修。館內有裝飾藝術和愛德華王朝式樣的豪華裝飾，保證可以度過優雅的度假時光。

DATA 交Ⓤ CHARING CROSS站步行5分 住Strand., WC2R 0EU ☎020-7836-4343 料精緻套房£350 268室 ⓇⓅⒻ

1. 單張床的套房具有奢華典雅的客廳　2. 櫃台大廳

泰晤士河沿岸的風景十分出色

 蘇活區　別冊 MAP P23D2 **倫敦萊斯特廣場 W酒店**
W London Leicester Square

W飯店首次進軍倫敦

誕生於2011年2月，W飯店集團旗下的設計師飯店。客房以紅色和金色等鮮活亮麗的色調營造出流行的品味，充滿了奢華的感覺。2013年的整修讓套房變得更加豪華。

DATA 交Ⓤ PICCADILLY CIRCUS站步行2分 住10 Wardour St.,W1D 6QF ☎020-7758-1000 料奇妙客房£329〜 192室 ⓇⒻ

1. 房間裡充滿了喚醒藝術靈魂的室內設計　2. 座落於倫敦的市中心，位置絕佳

以「超現代化」為設計概念

西敏區　別冊 MAP P24A4 **Corinthia Hotel**

擁有7個閣樓房間的豪華飯店

維多利亞王朝時代的建築物，在2011年盛大開幕，一躍成為5星級飯店「Corinthia Hotel」。2012年推出了7個閣樓房間，營造出豪華又能讓人放鬆的空間。也可以在交誼廳裡享用英式下午茶。

DATA 交Ⓤ EMBANKMENT站步行2分 住Whitehall Pl.,SW1A 2BD ☎020-7930-8181 料精緻大套房£426 294室 ⓇⓅⒻ

©Corinthia Hotel London

1. 重視功能性的客房
2. 也備有在倫敦堪稱頂級的SPA

現代風格的房間非常舒適

倫敦東北部　別冊 MAP P3D1 **Town Hall Hotel & Apartment**

昔日的市政廳變成現代化的飯店

瀰漫著古典的氣息，利用昔日的市政廳改建而成的飯店。設計概念為「理想的別墅」，以住起來很舒適大受好評。是很適合去倫敦塔和肖迪奇等東區散步的位置。

DATA 交Ⓤ BETHNAL GREEN站步行5分 住Patriot Sq., E2 9NF ☎020-7871-0460 料雙人房£208〜 80室 ⓇⓅⒻ

1. 附廚房的房型
2. 陳設著宛如回到自己家的室內擺飾

讓人有賓至如歸的感覺

住宿　引起話題的飯店

別冊MAP P23C3 **皮卡迪利艾美酒店**
Le Méridien Piccadilly

位在鄰近皮卡迪利圓環的絕佳位置。酒廊「Longitude 0°8'」和倫敦規模最大的溫室游泳池等設備也很齊全。
DATA ㉄Ⓤ PICCADILLY CIRCUS站步行3分
㉄21 Piccadilly,W1J 0BH ☎020-7734-8000
料經典客房£289～ 280室 Ⓡ Ⓟ Ⓕ

 別冊MAP P23D3 **The Royal Trafalgar by Thistle**

2012年結束了全面性整修的4星級飯店。離西區也很近，特別推薦給想要盡情享受夜生活的人。
DATA ㉄Ⓤ PICCADILLY CIRCUS站步行3分
㉄Whitcomb St.,WC2H 7HG ☎0871-376-9037
料標準雙人房£182.58～ 108室 Ⓡ Ⓕ

 別冊MAP P6B4 **InterContinental London Park Lane**

座落在海德公園與格林公園之間，最適合散步。在美食雜誌中獲選為倫敦第一名的義大利餐廳也進駐於此。
DATA ㉄Ⓤ HYDE PARK CORNER站步行1分
㉄1 Hamilton Pl.,W1J 7QY ☎020-7409-3131
料經典客房£348～ 507室 Ⓡ Ⓕ

 別冊MAP P6B3 **格羅夫納JW萬豪酒店**
Grosvenor House, A JW Marriott Hotel

系出門名，自1929年開幕以來，招待過各時代的VIP。2008年以後納入萬豪酒店的旗下，高級的服務也得到背書。
DATA ㉄Ⓤ MARBLE ARCH站步行5分
㉄86-90 Park Ln.,W1K 7TL ☎020-7499-6363
料豪華客房£259～ 494室 Ⓡ Ⓕ

 別冊MAP P22B4 **倫敦麗思酒店**
The Ritz London

英國皇室御用的高規格5星級飯店。絢爛豪華的茶沙龍「Palm Court」英式下午茶也很受歡迎。
DATA ㉄Ⓤ GREEN PARK站步行1分
㉄150 Piccadilly,W1J 9BR ☎020-7493-8181
料精緻套房£315～ 133室 Ⓡ Ⓕ

別冊MAP P6B3 **Millennium Hotel London Mayfair**

利用18世紀的大宅改建而成的飯店。龐德街和攝政街都在步行範圍內，最適合愛買東西的人。
DATA ㉄Ⓤ BOND STREET站步行5分
㉄44 Grosvenor Sq.,W1K 2HP ☎020-7629-9400
料標準客房£192～ 336室 Ⓡ Ⓕ

 別冊MAP P10A3 **K+K喬治酒店**
K+K Hotel George

以奧地利為據點的「K+K Hotel」集團旗下4星級飯店。新潮時尚的現代化客房也很重視機能性。
DATA ㉄Ⓤ EARL'S COURT站步行1分
㉄1-15 Templeton Pl,SW5 9NB ☎020-7598-8700
料雙人房£180～ 154室 Ⓡ Ⓕ

別冊MAP P10B2 **Holiday Inn London Kensington Forum**

格洛斯特路站旁邊的大型飯店。衛星節目電視台等設備齊全，功能性完備。Harrods和自然史博物館等地皆在步行範圍內。DATA ㉄Ⓤ GLOUCESTER ROAD站步行2分
㉄97 Cromwell Rd.,SW7 4DN ☎0871-942-9100
料標準客房£145～ 906室 Ⓡ Ⓕ

 別冊MAP P2A4 **Millennium & Copthorne Hotels At Chelsea Football Club**

座落在「切爾西足球俱樂部」的主場隔壁，是足球球迷難以抗拒的環境。有很多寬敞的客房，可以輕輕鬆鬆地悠閒度假。DATA ㉄Ⓤ FULHAM BROADWAY站步行3分
㉄Stamford Bridge, Fulham Rd.,SW6 1HS
☎020-3479-3565 料標準客房£125～ 281室 Ⓡ Ⓕ

 別冊MAP P8A4 **Park Plaza County Hall**

離國會大廈和倫敦眼等景點很近，在觀光上很方便。為座落在泰晤士河畔的15層樓大型飯店，景色也很迷人。
DATA ㉄Ⓤ WATERLOO站步行5分
㉄1 Addington St.,SE1 7RY ☎020-7021-1800
料精緻客房£259～ 398室 Ⓡ Ⓕ

 別冊MAP P17C4 **The Hoxton Hotel**

時尚的氣氛與高級的服務贏得一定的好評價，榮獲英國的高級日報「衛報」的「2011旅遊大賞」殊榮。
DATA ㉄Ⓤ OLD STREET站步行5分
㉄81 Great Eastern St.,EC2A 3HU
☎020-7550-1000 料雙人房£69～ 208室 Ⓡ Ⓕ

這些飯店也要Check!

全球第三家的「Bulgari Hotel & Residences」（別冊MAP●P19C1）於2012年5月在騎士橋盛大開幕。另外，話題性十足的摩天大樓「夏德塔」（→P44）34～52層的「Shangri-La Hotel The Shard London」（別冊MAP●P9C4）則是在2014年5月盛大開幕。

一日遊行程

科茲窩的各村落

是一片淳樸的田園風景

有羊群和石造的建築等等

不妨徜徉在自然和歷史中悠閒地散步

漫步於悠然神往的田園風光

許多蜂蜜色的小村莊
前往科茲窩

位於倫敦以西約200公里處。在綠意盎然的田園風光裡，散布著宛如童話中才會出現的石造小村莊。不妨悠閒地漫步於至今仍洋溢傳統情懷的蜂蜜色村落。

在牧場上吃草的羊群。科茲窩自古以來就盛行羊毛產業

倫敦郊外　MAP P119

科茲窩
Cotswolds

悠遊在綠色的田園風景與石造的村莊裡

倫敦以西，位於英格蘭幾近中心區的一整片丘陵地帶，統稱為科茲窩。一如地名意指「有牧羊小屋的山丘」，是自古以來便因羊毛產業而發展起來的地區。橫跨6州的廣泛區域內，在地勢和緩的綠色丘陵間散落著以羊毛興起後便不曾改變的傳統石造村落。這種帶有蜂蜜色、風格獨特的建築，是以在近郊採集的石灰岩建造而成。科茲窩是傳承英國傳統田園風情的珍貴文化遺產，週末也有許多倫敦人來訪。

> **ℹ INFORMATION**　比較大型的村莊裡會有旅客服務中心，提供當地的資訊。
> 有ℹ的城鎮：布洛德威、奇平坎登、高地史杜、水上柏頓、泰特伯里。

倫敦出發的交通方式

可以搭乘以下的大眾運輸工具，但是除了巴士以外沒有其他的交通工具可以周遊村莊，班次也很少，所以效率很差。如欲造訪好幾個村落，可以參加P119的行程，或者是如果對開車有自信的話，租車自駕也很方便。倫敦到科茲窩車程大約2～3小時。以賽倫塞特Cirencester和莫爾頓因馬許Moreton-in-Marsh等城鎮為據點。

●從倫敦到賽倫塞特：
從帕丁頓Paddington站搭火車1小時，在史雲頓Swindon轉乘巴士30分。或者是從維多利亞客運站Victoria Coach Station搭巴士2小時30分。
●從倫敦到莫爾頓因馬許：
從帕丁頓站搭火車1小時40分。

memo
●在村莊裡請注意看屋頂。由於萊姆石（石灰岩）具有容易沿一定方向破裂的特性，因此有許多房子是拿破裂的薄萊姆石做為屋瓦。這些屋瓦越趨近上層越小，越下面的則越大片。可以窺見村民如何沿用前人的智慧。
●各村莊周邊設有繞行街區和田園風光的散步路線（步道），距離長短不一，如若時間充裕不妨享受一下散步樂趣。可以在ℹ取得詳細資訊。

小小資訊　除了有從倫敦的維多利亞客運站（別冊MAP●P12A2）開往各地的巴士班次以外，從據點的城鎮也有路線巴士，但是連結各村的路線巴士通常會在週日停駛，請特別注意。

科茲窩
速查地圖

科茲窩到處都還保留著英格蘭的田園風光,如果想要盡情徜徉在這個地區,最好走訪幾個風格大異其趣的村莊。以下是6個在觀光客之間相當熱門的村莊。

1 拜伯里
→P120

清澈的小溪和代代相傳的蜂蜜色房屋林立的小村莊。如詩如畫的美麗風景很有看頭。

2 泰特伯里
→P120

主要大街上林立著骨董店的小村莊。也有和查爾斯王儲相關的商店。

3 水上柏頓
→P121

素有小威尼斯之稱,位於河畔的美麗村落。走訪散步村中的獨特博物館也很有意思。

4 高地史杜
→P121

座落在科茲窩位置最高的地點。以身為骨董市集的小鎮聞名。

5 奇平坎登
→P122

13~14世紀以羊毛產業發跡的村落。附近還分布著英式花園。

6 布洛德威
→P122

沿著街道發展起來的旅館小鎮。種滿行道樹的主要大街上林立著商店,是個朝氣蓬勃的村落。

※詢問處→P123
My bus中心

Tour Information 從倫敦到科茲窩的一日遊行程

貪心的科茲窩之旅
（附導遊、午餐）

與英國國家認證的導遊走訪拜伯里、水上柏頓等具有代表性的4個村莊。
※2015年4月以後需確認

【出發／所需時間】8時／約10小時
【舉辦日】週一～五 【費用】£80
【供餐】午餐 【接送】無

貪心的科茲窩之旅
（附助理,不供應午餐）

走訪4個村莊,沒有導遊、午餐的行程。會有日本籍的助理同行,大可放心。※2015年4月以後需確認

【出發／所需時間】8時／約10小時
【舉辦日】週二、六 【費用】£54
【供餐】無 【接送】無

牛津與科茲窩、史特拉福

走訪與『哈利波特』有關的景點及莎士比亞的故居。在水上柏頓也會下車觀光。

【出發／所需時間】8時／約10小時30分
【舉辦日】週一、四 【費用】£81
【供餐】無 【接送】無

一日遊行程 科茲窩 ❶

科茲窩的可愛村莊

拜伯里
MAP P119
Bibury

莫里斯稱頌過的美麗村莊

詩人威廉·莫里斯曾讚稱拜伯里為「英格蘭最美麗
的村莊」。由流經村子中心的清澈小溪和代代相傳
的蜂蜜色房屋交織而成的風景美得如詩如畫。村子
中心是外觀爬滿了長春藤的天鵝飯店。只要花30分
鐘就可以把村內繞上一圈。

ACCESS 賽倫塞斯特搭巴士15分。1天4班

阿靈頓排屋的街景有如童話國度般

特別推薦 SPOT

鱒魚養殖場
Trout Farm

鱒魚養殖場是拜伯里的名勝。
可以進去參觀,也可以體驗餵
魚等。附設的商店裡販賣著
在養殖場裡釣到的鱒魚煙燻
產品等等。咖啡廳則是可以品
嘗到鱒魚餐點£4.45〜。

在腹地內的水塘裡養了25萬隻魚

DATA 交H天鵝飯店步行1分 住Bibury, GL7 5NL
☎01285-740215 時8〜18時(視季節而異) 休無休
料£3.95

阿靈頓排屋
Arlington Row

小河沿岸是一條林立著14
世紀石造房屋的小徑。至
今仍有村民在這裡過日
子,將此處做為羊毛紡織
工人的工作室,是國家信
託的文化遺產。

從對岸看見的阿靈頓排屋

DATA 交H天鵝飯店步行3分

 泰特伯里
MAP P119
Tetbury

與查爾斯王儲有關的村莊

因羊毛交易而崛起的村莊。正中央是以前曾為交易所的
市場屋,至今仍當成市場使用。除了是很有名的骨董村
莊以外,郊外還有查爾斯王儲的私人別墅海格洛夫莊
園,因此也有很多跟王儲有關的商店。

建於1655年的市場屋

ACCESS
賽倫塞斯特搭巴士30分。1天7班(週六為6班,週日停駛)
ℹ 住33 Church St., Tetbury, GL8 8JG ☎01666-503552
時10〜16時(11〜3月〜14時) 休週日

特別推薦 SPOT

Highgrove

冠上王儲別墅名稱的品
牌。商品琳瑯滿目,有生
產自庭園的有機食品及在
村子周圍製作的雜貨等。
店的收益會全部捐贈出
去。

©www.highgroveshop.com

位於村子的主
要大街上

獨家泰迪熊£195
©www.highgroveshop.com

DATA 交市場屋步行1分 住10 Long St., GL8 8AQ ☎0845-521-
4342 時9時30分〜17時(週日10時30分〜16時30分) 休無休

Top Banana Antiques

利用民宅的一個區塊改建而
成的購物商城,4個樓面裡
一共有40家商店進駐。從高
級家具到不實用的雜貨等,
有很多£10以下的東西,所
以也很適合採購伴手禮。

60年代的
土司架£55

DATA 交市場屋步行3分 住11 New Church St., GL8 8DS
☎0871-288-1102 時10時〜17時30分(週日11〜17時) 休無休

 小小資訊 拜伯里的鱒魚養殖場具有100年以上的歷史,是英格蘭最古老的鱒魚養殖場。如果想要近距離觀察鱒魚,需要支付
£3.95的入場費。

3 MAP P119 水上柏頓
Bourton-on-the-Water

可以在河邊散步的小村莊

在流經村子中心的溫德許河與橫跨於其上，擁有200年歷史的石橋等地散步很舒服。也可以享受模型村和汽車博物館等博物館巡禮。因為村子很小，只要30分鐘就能充份散步。❶在河的南側。

擁有200年歷史的石橋

ACCESS 莫爾頓因馬許搭巴士20分。1天14班

❶ 住Victoria St., Bourton-on-the-Water, GL54 2BU ☎01451-820211 時9時30分～17時(週六～17時30分、週日10時～14時) 休無休

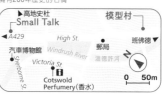

▶高地史杜
Small Talk
◀ A429　High St.　模型村
汽車博物館　Windrush River　班佛德
　　　　　郵局
　　　　溫德許河
Victoria St.
Sherborne St.
Cotswold
Perfumery(香水)
0　50m

特別推薦 SPOT

模型村
The Model Village

將水上柏頓的街道以9分之1的比例重現的模型博物館。房屋都和真正的房屋一樣以萊姆石打造而成，唯妙唯肖。

感覺好像變成了巨人

DATA 交❶步行5分 住The Old New Inn & Model Village, Bourton-on-the-Water, GL54 2AF ☎01451-820467 時10～18時(冬天～16時) 休無休 料£3.60

Small Talk

將過去鐵匠使用的石造房子改建成漂亮的茶館。司康搭配果醬和凝脂奶油享用的英式奶油茶£4.10。也供應各式各樣的蛋糕。

紅蘿蔔蛋糕也很受歡迎

DATA 交❶步行2分 住The Forge, High St. Bourton-on-the-Water, GL54 2AP ☎01451-821596 時10時～16時15分 休無休

St. Edward's
Café　市場十字架
玩具博物館
Royalist
Church St.　Fox
Cottage(雜貨)
Digbeth St.
N
0　50m　Sheep St.　Park St.

4 MAP P119 高地史杜
Stow-on-the-Wold

尋找自己喜歡的骨董

位於海拔270公尺處，科茲窩最高處的村落。8條街道縱橫交錯，形成交通的要衝，現在則是林立著販賣高級骨董的商店，以市集小鎮的風貌打響知名度。商店全都座落在市場十字架所在的廣場周邊。

ACCESS 莫爾頓因馬許搭巴士15分。1天14班

❶ 住The Cotswold Cricket Museum,Brewery Yard, Stow-on-the-Wold, GL54 1AA ☎01451-830341 時9時30分～17時(週日～15時30分) 休週一

商店及酒吧鱗次櫛比的村莊，熱鬧非凡

特別推薦 SPOT

市場十字架
Market Cross

位於村子中心廣場上的中世紀石柱。向世人宣示其過去曾以市集小鎮的風貌繁榮過一時，由這裡往8個方向延伸出街道。以前經常會在這個廣場上舉行市集。

拍攝紀念照的景點

DATA 交❶步行1分

St. Edward's Café

利用400年前的建築物改建而成的咖啡廳，店內運用了深色木頭的質感，洋溢著溫暖的氣氛。也提供麵包&湯等輕食。

蘋果派£2.25～

DATA 交❶步行1分 住The Square, Stow-On-The-Wold, GL54 1BQ ☎01451-830351 時9～16時(週日10時～) 休無休

121

Covent Garden | SOHO | Mayfair Marylebone | Westminster | City Southbank | Notting Hill | Knightsbridge Chelsea | Shoreditch

5 MAP P119 奇平坎登
Chipping Campden

因羊毛交易而馳名的村莊

13～14世紀間以羊毛產業起家，名聲傳遍整個歐洲的村落。以市場大廳為中心，保留了往昔風貌的建築林立，如果只逛中心區域，約半天就能充分地觀光。若是往郊外移動，則有不少英式庭園。

ACCESS 莫爾頓因馬許搭巴士45分。1天8班（僅週一～六）

ℹ️ 住The Old Police Station, High St., Chipping Campden, GL55 6HB ☎01386-841206 時9時30分～17時（11月～3月中旬的週一～四為～13時） 休無休

Chipping是古英文中市場的意思

特別推薦 SPOT

📷 市場大廳
Market Hall

興建於1627年的石造建築物，曾做為在附近製作的起司等乳製品的交易所。位在高街的中心，是這個因市場而興起的村莊的地標。

DATA 交ℹ️步行1分

雄偉的建築物擁有美麗的拱門

---

6 MAP P119 布洛德威
Broadway

曾發展為旅館小鎮的購物村

自16世紀前後起沿著街道發展起來的旅館小鎮。身為主要大街的高街兩旁林立著商店及咖啡廳等，是個朝氣蓬勃的村落。布洛德威塔矗立於郊外的山丘上，是絕佳的觀景台，可以遠眺科茲窩的田園風景和村莊。

ACCESS 莫爾頓因馬許搭巴士25分。1天3班（僅週一～六）

ℹ️ 住Russell Sq.,High St., Broadway,WR12 7AT ☎01386-852937 時10～17時（週日11～15時） 休1～2月中的6星期

科茲窩的石造房屋

特別推薦 SPOT

📷 布洛德威塔
Broadway Tower

富裕的伯爵將這座六角形的塔蓋來做為觀景塔。頂樓是視野絕佳的觀景點，塔內則展示著高塔的歷史資料。也有壁紙是由威廉·莫里斯所設計的房間。

DATA 交從開車10分 住Buckle St., Middle Hill, Broadway, WR12 7LB ☎01386-852390 時10～17時 休無休 料£4.80

1.建於1799年的哥德式高塔
2.從頂樓可將科茲窩盡收於眼底

---

and more... 稍微走遠一些，前往英式花園

海德寇特莊園
Hidcote Manor Garden
庭園／MAP●P119

由美國的造景師約翰斯頓所設計。看起來像房間似地分成27個區塊。

DATA 交奇平坎登車程15分 住Hidcote Bartrim, near Chipping Campden, GL55 6LR ☎01386-438333 時10～18時（視季節而異） 休需上官方網站確認 URLwww.nationaltrust.org.uk/hidcote 料£10

凱菲茲蓋特庭園
Kiftsgate Court Garden
庭園／MAP●P119

座落在丘陵的北側斜坡上。始於J. B.繆爾夫婦一手打造的庭園，目前庭園由其孫錢伯斯夫婦管理。

DATA 交奇平坎登車程15分 住Chipping Campden, GL55 6LN ☎01386-438777 時12～18時（視季節而異） 休週四、五（視季節而異）、10～3月 料£7.50

小小資訊 從海德寇特莊園走到凱菲茲蓋特庭園大約10分鐘左右，也可以1天內參觀完兩個莊園。租車自駕前往莊園或從奇平坎登搭乘計程車都不錯。

利用當地出發行程有效率地觀光

倫敦郊外行程
最受旅客喜愛的BEST5

倫敦郊外除了科茲窩還有許許多多觀光景點。不妨靈活地利用可以輕鬆參加的自選行程，以便將旅行的時間做最有效的運用。以下是最受歡迎的前5名。

①出發時間　②所需時間　③舉辦日　④費用　⑤餐點　⑥接送服務

溫莎、巴斯、巨石陣

巴斯的羅馬浴場遺跡

參觀完隸屬於英國皇室的最古老城堡——溫莎古堡後，再前往名列世界七大奇觀之一的巨石陣。接著在世界遺產的城鎮巴斯，前往一探羅馬浴場遺跡。

DATA ①8時　②12時30分　③週二、四、六（10～3月為週二、六）④£91　⑤無　⑥無

麗池古堡、坎特伯里與多佛、格林威治觀光

麗池古堡的外觀美不勝收

會進去以「貴婦人之城」名聞遐邇的麗池古堡以及世界遺產的坎特伯里大教堂。再加上前往以海峽聞名的多佛和泰晤士河遊河，是一趟非常豪華的行程。

DATA ①8時　②10小時30分　③週三、日　④£83（附餐£94）⑤無　⑥無

彼得兔與湖區

也曾出現在繪本裡的丘頂

遊覽湖區的中心地區溫德米爾湖周邊。可以欣賞到作為彼得兔故事舞台的閑靜田園風光和美麗的景致。由於是火車搭配巴士，效率絕佳。

DATA ①8時30分　②13小時　③週一～五　④£230　⑤無　⑥無

Wedgwood

可以近距離看見工匠的技術

在歷史悠久的陶瓷產地史篤城Stoke-on-Trent參觀Wedgwood的工廠。除了參觀之外，有興趣的人還可以體驗製作陶器和上釉。

DATA ①10時　②9小時30分　③週一～五　④£130　⑤無　⑥無

披頭四的利物浦

名曲的舞台令人感動

造訪披頭四的故鄉，身為傳說中的樂團，至今仍擁有不可動搖的地位。也包含遊覽披頭四故事館和前往與4位成員有關的地點朝聖等音樂之旅。

DATA ①7時7分　②14小時　③週一～五　④£135　⑤無　⑥無

倫敦　別冊MAP P22B1 **My bus**

DATA 交Ⓤ OXFORD CIRCUS站步行1分
住Liberty 2F　☎020-7976-1191
時10時～18時30分（週日12～18時）
休12月25日、Liberty臨時公休　URL mybus-europe.jp/

※注意事項　My bus中心推出的行程皆為全日語導覽。本頁刊登的行程是2014年8月時的行程内容、費用。聖誕節、過年期間和特定日停辦等，也有未預告即變更的狀況，需事先洽詢。行程全數為事先報名制，除了特別標示的行程之外，都需在前一天12時以前報名。

一日遊行程 科茲窩❸／倫敦郊外行程

123

旅遊資訊

英國出入境的流程

入境英國

1. 抵達 Arrival

倫敦近郊有5個機場，但是從國內可以直飛的只有希斯洛機場。飛機落地之後，請遵循「Arrival」的標示前往接受入境審查。

2. 入境審查 Immigration ▷▷▷▷▷▷▷▷

櫃台分成歐盟國家和除此以外的國家，台灣人請前往「All others」的櫃台排隊。輪到自己的時候請向審查官出示護照和已經填妥的入境卡、回程的機票（或者是電子機票收據）。近年來，英國的入境審查越來越嚴格，通常會仔細地詢問停留目的及期間、住宿地點等等。通過審查之後，會歸還護照及回程的機票（或是電子機票收據）。

3. 提領行李 Baggage Claim

找到顯示自己所搭乘飛機班次的行李轉盤，領取出國前在機場托運的行李。萬一行李沒有隨著轉盤出來或行李箱破損的時候，請告知工作人員，並且出示行李條（Claim Tag）。

4. 海關 Custom Declaration ▷▷▷▷▷▷▷▷

如果行李在免稅範圍內，請從不需要申報的「Nothing to Declare」（綠色燈號）的閘門出去。一旦超過免稅範圍，就必須前往「Goods to Declare」（紅色燈號）的櫃台，辦理規定的手續。

5. 入境大廳

希斯洛機場有5個航廈，因此請事先確認您所抵達的航廈。無論哪一個航廈的入境大廳裡頭都有銀行及觀光服務處等駐點。

●入境卡的填寫範例

入境卡（Landing Card）會在機艙內分發，請事先填寫完畢。

❶姓（羅馬拼音）
❷名（羅馬拼音）
❸性別（男性為M、女性為F） ❹出生年月日（順序為日/月/年） ❺出生地（出生的城市及國家） ❻國籍 ❼職業 ❽在英國的地址（下榻飯店名稱）
❾護照號碼
❿發行護照的國家
⓫在英國停留的天數
⓬搭乘地 ⓭搭乘班機 ⓮本人的簽名（要跟護照上的相同）
※只有正面，請用英文（正楷大寫字體）填寫。

●入境英國時的限制

○主要的免稅範圍
‧對於攜入的外幣沒有特別的限制，但如果是從非歐盟國家入境的話，金額相當於1萬歐元以上需申報。
‧酒精濃度超過22%的酒類1公升、或者是22%以下的酒類2公升、以及無氣泡佐餐葡萄酒4公升、啤酒16公升。
‧香煙200支、或小雪茄100支、或雪茄50支、或煙草250公克。
‧其他品項總計不超過£390（含香水、伴手禮）。
※香菸和酒類限17歲以上
○主要的違禁品
‧肉類、乳製品及其他的動物性食品、偽造品、侵犯著作權的仿冒品、猥褻物、禁藥、武器等。

出國時的注意事項

出發的1個月〜
10天前要檢查

●入境英國的條件

○護照的剩餘有效期限
必須在回國的時候依舊有效。
○簽證
觀光目的且停留期間未滿6個月免簽證。不過，必須要有出國用已經買好的機票和停留費用證明。

○機場的出發航廈
桃園機場分成第1、第2航廈，直飛倫敦的長榮航空（BR）在第2航廈起降。
○攜帶液體上飛機的限制
請注意，帶進機艙的隨身行李中如果有超過100毫升以上的液體，在出境檢查行李的時候就會被沒收。即使是在100毫升以下，也要裝進附有夾鏈的透明塑膠袋裡，方能帶上飛機。詳情請參照交通部民用航空局的官方網站 URL www.caa.gov.tw/big5/index.asp

關於護照的申辦請參照外交部官網 URL www.boca.gov.tw/mp.asp

希斯洛機場第3航廈

決定要去旅行之後，就要馬上確認重要的
出入境資訊！做好萬全的準備前往機場。

出境英國

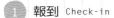

1 報到 Check-in

於班機起飛的2～3小時前抵達機場。在要搭乘的航空公司櫃台出示護照和機票（或者是電子機票收據），將行李箱等大型行李進行托運，領取行李條和登機證。

2 退稅 Tax Refund

如果要辦理退稅的手續，別忘了要在機場完成退稅。如果把購買的商品放進要托運的行李中，也可以在報到之前就先辦理手續。

3 檢查手提行李 Security Check

讓要帶上飛機的所有手提行李通過X光機。和出國時一樣，都有關於液體及危險物品帶上飛機的限制，請注意。不需要出境審查。

4 前往登機門 Boarding Gate

前往登機證上標示的登機門。進入登機門時會被要求出示登機證和護照。

●從台灣飛航倫敦的航空公司

從台灣飛倫敦的飛行時間大約為18小時，目前只有長榮航空有直飛的航班，其他所有的航空公司都要轉機。

航空公司	洽詢專線
長榮航空	長榮航空訂位專線 ☎02-2501-1999 URL www.evaair.com/
中華航空	中華航空訂位專線 ☎02-412-9000 URL /www.china-airlines.com.tw/ch/index.html
國泰航空	國泰航空訂位專線 ☎02-2715-2333 URL www.cathaypacific.com/
阿聯酋航空	航班及阿聯酋航空服務 ☎02-7745-0420 URL www.emirates.com/tw/chinese/index.aspx
新加坡航空	新加坡航空客服專線 ☎02-2551-6655 URL www.singaporeair.com/zh_TW/flying-with-us/
泰國航空	泰國航空訂位專線 ☎02-8772-5111 URL www.thaiairways.com.tw/

回國時的限制

入境旅客攜帶管制或限制輸入之行李物品，或超出免稅範圍者，應填寫「中華民國海關申報單」向海關申報。▷ ▷ ▷ ▷ ▷

中華民國海關申報單（空運）

●主要免稅範圍

酒類	1公升
香菸	捲菸200支或雪茄25支或菸絲1磅。
其他	非屬管制進口，並已使用之行李物品，其單件或一組之完稅價格在新臺幣1萬元以下者。免稅菸酒及上列以外之行李物品（管制品及菸酒除外），其完稅價格總值在新臺幣2萬元以下者。

※年滿20歲之入境旅客方得享有菸酒免稅

●主要禁止攜帶物品及限制

○毒品危害防制條例所列毒品（如海洛因、嗎啡、鴉片、古柯鹼、大麻、安非他命等）。
○槍砲彈藥刀械管制條例所列槍砲（如獵槍、空氣槍、魚槍等）、彈藥（如砲彈、子彈、炸彈、爆裂物等）及刀械。
○野生動物之活體及保育類野生動植物及其產製品，未經行政院農業委員會之許可，不得進口；屬CITES列管者，並需檢附CITES許可證，向海關申報查驗。
○侵害專利權、商標權及著作權之物品。
○偽造或變造之貨幣、有價證券及印製偽幣印模。
○所有非醫師處方或非醫療性之管制物品及藥物。
○其他法律規定不得進口或禁止輸入之物品。

機場～倫敦市中心的交通

倫敦的希斯洛機場與倫敦市區中心以希斯洛機場快線連結，只要15分鐘即可抵達。行李不多的話則是搭乘會開至各航廈的地下鐵較方便且便宜。

倫敦・希斯洛機場

London Heathrow Airport

位於倫敦市中心以西大約25公里處的國際機場。飛往85個國家、超過180個機場的班機都在這裡起降，是全球數一數二的規模。有5個航廈，從國內直飛的班機在第2航廈飛抵。第2航廈在2014年6月重新整修後盛大開幕。

●機場內的主要設施

○貨幣兌換處

位於各航廈的出、入境大廳。ATM的數量也很多，但是需要手續費。

○名牌精品店

在免稅區可以享受採購英國名牌的樂趣。第2、3、5航廈全都是Harrods的勢力範圍，Burberry和Smythson、Paul Smith在第2、3航廈皆有設櫃。

○咖啡廳&餐廳

由於各航廈在手提行李審查後的區域內也有咖啡廳和餐廳，可以在登機前用餐。

第5航廈的3、4F出境樓層內商店雲集

希斯洛機場的入境大廳

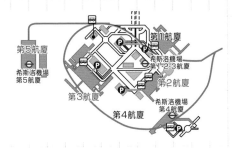

第5航廈
希斯洛機場
第5航廈

第3航廈

第4航廈

第1航廈

希斯洛機場
第1.2.3航廈

第2航廈

希斯洛機場
第4航廈

地圖圖示
🚇 地鐵站
ℹ️服務處　💱貨幣兌換處、銀行　🚻廁所　🚶手扶梯
🛗電梯　R餐廳　S商店　C咖啡廳

交通速見表

	交通工具	特色
快速	希斯洛機場快線	希斯洛機場和帕丁頓站之間的直達列車，中途不停靠。車廂內設有行李放置處且班距也很密集。在希斯洛機場只停靠第5航廈和第1.2.3航廈站。第4航廈則有免費接駁車開往第1.2.3航廈站，在那裡轉乘。
	希斯洛機場列車	希斯洛機場開往帕丁頓站之間的列車，行經5個停靠站，在希斯洛機場僅停靠第1.2.3航廈站。由第4、5航廈前往第1.2.3航廈站可搭乘免費接駁巴士。
便宜	地鐵	會接上皮卡迪里線。在希斯洛機場有第1.2.3航廈、第4航廈、第5航廈等3個停靠站。
	計程車	各入境樓層都有招呼站。可以直接前往下榻的飯店，所以當行李或人數比較多的時候，搭計程車就很方便。也可以提前預約。

小小資訊　希斯洛機場的相關詳細資訊請參照URL www.heathrowairport.com/。使用的航廈依航空公司而異（→P127欄外小小資訊）。

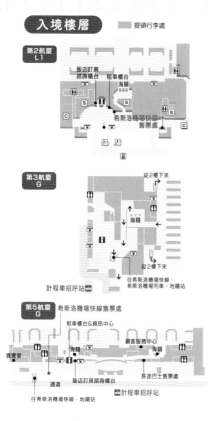

入境樓層 ▨ 提領行李處

第2航廈 L1

飯店訂房
諮詢櫃台 租車櫃台
海關

希斯洛機場快線
售票處

第3航廈 G

從2樓下來
海關

從2樓下來
往希斯洛機場快線、
希斯洛機場列車、地鐵站

計程車招呼站 🚕

第5航廈 G 希斯洛機場快線售票處

租車櫃台&資訊中心
顧客服務中心
貴賓室 海關 海關
長途巴士售票處
飯店訂房諮詢櫃台
通道
往希斯洛機場快線、地鐵站 計程車招呼站 🚕

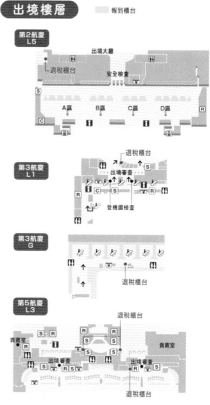

出境樓層 ▨ 報到櫃台

第2航廈 L5

出境大廳
退稅櫃台
安全檢查

A區 B區 C區 D區

第3航廈 L1

退稅櫃台
出境審查

登機證檢查

第3航廈 G

退稅櫃台

第5航廈 L3

退稅櫃台
貴賓室 貴賓室
出境審查 出境審查

退稅櫃台

費用（單程）	所需時間	行駛時間	洽詢專線
£29（頭等） £21（一般）	15~21分	5~24時 15分1班	希斯洛機場快線 ☎0845-600-1515 URL www.heathrowexpress.com/
£5.90~9.90	到帕丁頓站 25分	5~24時 30分1班	希斯洛機場列車 ☎0845-678-6975 URL www.heathrowconnect.com/
£5.70 （持牡蠣卡Oyster Card 的話尖峰£5、 離峰£3）	Ⓤ PICCADILLY CIRCUS站 50分	5時前後 ~23時30分 左右（週日為 6時前後~）	倫敦交通局 ☎0343-222-1234 URL www.tfl.gov.uk/
£40~70	約60分 （塞車時會更久）	24小時	City Airport Cabs ☎0560-367-9412 URL www.cityairportcabs.com/

小小資訊 長榮航空、新加坡航空、泰國航空在第2航廈，國泰航空、阿聯酋航空在第3航廈，
中華航空和中國東方航空則是在第4航廈。

市內交通

有3種主要的交通方式，以地鐵最為簡單且確實。但是若能妥善運用巴士，則更能提高移動的效率。近年來，自行車的租借系統也備受矚目。

市區遊逛小建議

●地址標示

倫敦的地址是以門牌號碼＋街道名稱＋郵遞區號來標示的。街道名稱通常標示在十字路口附近的建築物上比較高的地方，門牌號碼則標示在建築物的入口附近，一邊是偶數、另一邊則是奇數的門牌號碼。

●斑馬線

雖然行人無視紅綠燈的情況已經司空見慣，但是請務必在有畫設斑馬線的地方過馬路。行人用號誌也有按鈕式的。沒有架設號誌的行人穿越道為行人優先。請先等車子停下來，確認安全後再過馬路。

●車資採分區計價

倫敦分成好幾個區段，地鐵及巴士的車資都是依照區塊來決定的。市中心為1區，其外圍為2區，呈放射狀往外擴散，愈外區的數字愈大。絕大多數的觀光景點都集中在1區和2區，如果要前往郊外的風景名勝則需要多加注意。

划算的交通卡

如果要搭乘地鐵及巴士，利用下列的卡片絕對會比較划算。可在地鐵站的窗口和觀光服務處等地購得。不妨配合停留期間來選擇。

旅遊卡
Travelcard

可以在1天內自由搭乘地鐵和巴士的划算卡片。費用隨各區段而異，1～2區是£9。設有離峰時段費用，週一～五的9時30分過後和週六、日、假日為£7.30，更加便宜。如果只停留1～2天，不妨善加利用。

牡蠣卡
Oyster Card

預付式的磁卡。地鐵和巴士都可以使用，採取每次搭乘時就從儲值（Top Up）的金額中扣款的系統。購買時必須支付£5的保證金，歸還卡片的時候會和餘額一起退還。如果要在倫敦停留3天以上，建議買這種卡。

牡蠣卡的儲值
（Top Up）方法

儲值的英文為Top Up。除了地鐵的窗口以外，也可以用自動售票機儲值。儲值的手續如下所示。
❶在自動售票機選取語言
❷將卡片輕輕靠在感應器上
❸選擇要儲值的金額
❹支付費用。也有可以使用信用卡的機器
❺再次將卡片輕觸感應器

●牡蠣卡&旅遊卡的費用表

		現金	牡蠣卡		旅遊卡	
			尖峰 ※1 （1天的上限）	離峰 ※2 （1天的上限）	1天 （離峰 ※3）	7天 ※4
地鐵 ＋巴士	只有 1區	£4.70	£2.20 （£8.40）	£2.20 （£7.00）	£9 （£8.90）	£31.40
	1～2區	£4.70	£2.80 （£8.40）	£2.20 （£7.00）	£9 （£8.90）	£31.40
	1～3區	£4.70	£3.20 （£10.60）	£2.70 （£7.70）	£11.40 （£8.90）	£36.80
只有巴士		不可支付 現金	£1.45 （£4.40）		–	£20.20 （巴士＆路面電車）

※1 週一～五的6時30分～9時30分、16～19時　※2 週六、日、假日以及週一～五的尖峰時段以外
※3 週六、日、假日以及週一～五的9時30分以後　※4 牡蠣卡也適用於7天方案

牡蠣卡比用現金買1次券還便宜，而且各設有1天扣款的上限，超過上限就不會再扣款了。如果1天要坐好幾次地鐵和巴士的話，非常划算。

地鐵 Tube

↑因為形狀圓圓的，所以又稱管子（Tube）

地鐵在倫敦市內宛如蜘蛛網般四通八達。稱為Tube或者是Underground的11條路線。行駛於倫敦東南部的DLR和行駛於地面上的地上鐵都是同樣的坐法。各路線以顏色區分，乘坐方法也很簡單，因此請盡量多加利用。

○費用

採取分路段計價的方式，每段路的費用都不一樣，詳情請參照P128的費用表。

○行駛時間

5時30分左右～24時30分左右（週日為7時左右～24時左右）

●購買車票的方法（以旅遊卡為例）

請用各車站的自動售票機購買。也有觸控式螢幕，可以使用信用卡的機種。

1 **選擇語言**

有中文等各國語言的介面。輕觸顯示在螢幕下方的「中文」，就會出現中文介面。

2 **選擇車票的種類**

這時請觸碰「當天Travel卡」。也可以選擇購買單程的1次券或來回車票等。

3 **選擇區段**

旅遊卡的費用視區段而異。倘若為市區內觀光「Zone 1～2」就夠用了。

4 **投入所需金額**

投入顯示的金額。由於部份機種不收紙鈔或不找零錢，請特別注意。如欲購買2張以上，請輕觸「複數的車票」，在下一個畫面選擇張數。如果需要收據的話，請按下「收據按鈕」。

●便於觀光的路線

○皮卡迪里線
1條連結希斯洛機場和市區中心的路線。

○中央線
東西向貫穿倫敦市中心。也會到東區。

○區域線
前往西敏寺及倫敦塔觀光很方便。

○北線
南北向貫穿倫敦市中心。前往櫻草丘和南岸區的時候很方便。

 注意事項

○無法在下車的車站計算坐過頭的費用，因此請確實買好坐到目的地的車票。坐過頭的罰款為£20。

○車站內大多沒有廁所，所以請事先上好廁所。

○要小心扒手在擁擠的車上行竊。

○手扶梯要靠右側站立，把左側空出來。

○有些地鐵站只有樓梯和電梯。雖然人潮洶湧，但還是要隨著人潮前進。

別冊 MAP P26

 路線圖

←也可以向窗口索取路線圖

●實際坐坐看吧

以顏色區分路線，非常清楚明瞭。目的地以東西南北的方向或終點站的名稱標示。

1 **尋找車站**

UNDERGROUND的文字是地鐵站入口的標誌。SUBWAY是指地下道，請注意。

這個是標誌

2 **購買車票**

有些自動售票機不收紙鈔或不找零錢。牡蠣卡可使用自動售票機加值。

3 **通過剪票口**

所有的剪票口皆採自動驗票。只要把車票插進去再抽出來就能通過了。若持牡蠣卡請輕觸前面的黃色部分。

輕觸這裡

4 **前往月台**

只要循著路線名稱和方向就能找到月台。方向以Northbound（北）、Westbound（西）等方式標示。找到月台後請再次確認路線的顏色。

5 **上車**

如果是會有複數路線經過的月台，最好有看一下電子布告欄。列車的門為自動開關。

6 **下車**

車上除了貼有路線地圖以外，也會有停靠站的廣播。在目的地下車以後，請沿著Way out的指示往出口的方向前進。

7 **出站**

出站的時候也要經過剪票口，所以請不要把車票弄丟了。牡蠣卡則是要輕觸前面的黃色部分。別忘了將旅遊卡收回來。

○轉乘

轉乘路線會標示在月台上。和上車時一樣，只要遵照以顏色區分的路線名稱就行了。大車站在轉乘的時候可能要多花一點時間。

 在英國政府觀光局的網路商店URL http://www.visitbritainshop.com/world/home.html上，可以買到牡蠣卡等交通票券。也可以預約英式下午茶和購買音樂劇的入場券、倫敦一卡通（→P5）等。

旅遊資訊 市內交通

巴士 Bus

比地鐵更具機動性是路線巴士的優點。雖然需要有一點地理概念，但是班次很密集，只要學會怎麼坐，就能大幅提升觀光的效率。就算坐過頭，1站的距離也不是太遠，所以請不要害怕失敗，積極地搭乘吧。

○費用
所有的巴士路線都是統一費用，詳情請參照P128費用表。由於不能以現金支付，只能以牡蠣卡和旅遊卡等卡片搭乘，請特別注意（自2014年夏天起，原本設置在巴士站的售票機也已撤去）。

○行駛時間
4時30分左右～24時30分左右。也有24小時行駛的夜間巴士。

●確認路線的方法
學會搭乘巴士的第一步，要從看懂路線圖開始。巴士站的路線圖也很清楚明瞭。

1 索取路線圖
路線圖上在發車的巴士站和終點站、以及途中行經的主要十字路口，標有路線編號。請確認自己的所在位置和目的地周邊，找出連結兩地的路線編號。

2 在巴士站確認
確認過路線編號以後，再找出寫著該路線編號的巴士站。巴士站會標示出以顏色區分的路線圖和在附近行駛的路線，也會介紹附近的停靠站位置。有每條路線的時刻表，也會標示出首班車、末班車的巴士抵達時間、各時段的班次間距。

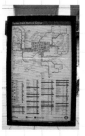

! 注意事項
○要搭乘的巴士來了，最好舉起手來表示要搭車。
○雙層巴士的上層位置較空。
○下層前方的座位是博愛座，請留給年長者。
○車內的電子跑馬燈有時候是壞的。

●觀光巴士也很方便
也有可自由上下車的雙層觀光巴士，在市內大約有50個停靠站。可以一面聽著英語或其他外語的語音解說，一面觀光。24小時通行證£24～。
大巴士公司 Big Bus Tour
URL www.bigbustours.com/
倫敦自由觀光行 The Original Tour（→P101）
URL www.theoriginaltour.com/

↑稱為雙層巴士的倫敦巴士

←在大型地鐵站的服務處等地都可以索取到路線地圖

●實際坐坐看吧
只要試著坐過一次，就能掌握住搭乘的訣竅。不妨從行駛於知名觀光景點之間的路線開始挑戰。

1 尋找巴士站
請鎖定上頭有著交通局標誌的看板。確認上頭寫著所要搭乘的路線編號。必須持牡蠣卡等卡片才能上車，所以請事先準備好。

2 確認路線
請事先在停靠站的路線圖上找到要下車的巴士站記號。有屋頂的巴士站也都會有電子布告欄，顯示巴士到站的時間。

3 上車
在寫著REQUEST STOP的巴士站要把手舉起來示意停車。從前面上車，將牡蠣卡輕觸駕駛座旁的黃色部分，或將旅遊卡出示給司機看。

4 在車內
雙層巴士的2樓座位視野絕佳。電子跑馬燈會顯示巴士的編號及目的地、下一個停靠站等資訊。

5 下車
一旦接近要下車的停靠站，請按下紅色按鈕。從後門下車。人很多的時候請預先抓緊時間走到車門附近。

●便於觀光的路線

○8路
TOTTENHAM COURT ROAD站～大英博物館附近～ST PAUL'S站（聖保羅大教堂）～LIVERPOOL STREET站
○12路
OXFORD CIRCUS站～特拉法加廣場～WESTMINSTER站（西敏寺）～倫敦眼附近
○15路
特拉法加廣場～柯芬園～聖保羅大教堂～倫敦塔

舊型的雙層巴士稱之為「Heritage Routemaster」。目前在9路和15路的路線還有幾班。

計程車 Taxi

行李很多時的救星。以黑色計程車Black Cab最為人所熟知,最近在車身塗裝廣告和換上其他顏色車身的計程車也增加了。車資為跳表制,可放心搭乘。

↓計程車招呼站

↑由老練的司機駕駛的黑色計程車

●計程車費用

起跳為£2.40,然後再依乘車的時段及乘車時間、距離往上加。週末及深夜(22時~翌6時)為加成費用。車資的基準最初的1英哩£5.60~8.60左右。深夜的話£6.80~9。6英哩的話£23~29,深夜為£28~33左右。打電話叫車或從機場搭車時也必須支付追加費用。不會因為行李或乘客人數加錢。

 注意事項

○黑色計程車要坐在後座。使用輔助席的話,最多可以坐5個人。由於沒有放行李的空間,所以看是要塞進後座、或者是放在副駕駛座。
○請先隔著車窗告知目的地再上車。
○如果是舊型的計程車,下車以後再付錢。
○早晚的尖峰時段會塞車,所以搭乘地鐵會比較保險。
○Harrods附近及牛津街等地有時不太容易招到計程車。

●實際坐坐看吧

計程車的車門為手動。兩扇門對開的老舊車型已經變得很少了。上車請坐後座,最多5個人。

1 雖然可以從車站及主要飯店前的計程車招呼站上車,但是請飯店或餐廳幫忙叫車會比較保險。若點亮車頂上的燈號表示這是一輛空車。在攔路上的計程車時,跟台灣一樣,只要把手舉起來即可。

2 上車
請先隔著車窗告訴司機目的地的郵遞區號,再自己打開車門上車。把目的地寫在紙上再交給司機比較保險。

3 付錢&下車
計費表顯示的金額就是要支付的總額。可能會出現沒零錢可找的情況,所以最好事先準備好小額的紙鈔。也有可以刷卡的計程車。下車時也要自己開門。

巴克萊自行車出租計劃 Barclays Cycle Hire

由倫敦交通局提供的藍色出租自行車。1萬輛以上的自行車停放在每300~500公尺就設置一處的自行車租賃站,只要支付契約費和使用費,所有人都可以利用,享受別有一番風味的城市之旅。

輕鬆租借的新型態交通方式

○費用

合約費為24小時£2、7天內£10。登錄時必須要有內建IC晶片的信用卡。前30分鐘免費,之後1小時內£1、90分£4、2小時內£6、24小時為£50。借越久費用越高,因此建議在30分鐘內反覆歸還。

 注意事項

○請騎在車道的左側,禁止騎在人行道上,所以萬一非得要從人行道經過的話,請下車牽著自行車走。
○有很多自行車都是壞的,請事先檢查輪子的胎壓及煞車靈不靈光、椅墊的高度等。
○騎上路時請盡可能穿著顯眼的衣服。天黑之後除了要點亮車燈,即使白天最好也穿上螢光色的外套比較安全。
○禁止停在指定場所以外的地方,務必停回自行車租賃站。
○如果自行車租賃站沒有空車,看是要等一下,或是前往另一個自行車租賃站。還車時如果沒有空位可停,也請前往下一個自行車租賃站。這時會扣掉15分鐘的利用時間。

●實際坐坐看吧

由於放行李的地方很小,所以請盡可能不要帶太多東西。請確實遵守交通規則,享受愜意的單車之旅。

1 登錄會員
在自行車租賃站的機器登錄。選擇自己看得懂的語言,依照畫面的指示登錄使用天數。必須要有內建IC晶片的信用卡和密碼。接下來就開始租車的手續。

2 借車
取出上頭註明有5位數借車號碼的收據,選擇自行車。利用位於前輪左側的按鈕輸入這組數字,把自行車拉出來。

3 還車
將前輪卡進專用座架裡,右側的綠燈就會亮起,表示已經還車。也可以利用機器將使用記錄列印出來。

 小小資訊
迷你計程車在市內~機場間的長距離很方便。必須預約,但是費用是固定的,通常都會比黑色計程車便宜。大型的迷你計程車公司以Addison Lee最有名。☎020-7387-8888、URL www.addisonlee.com

旅遊常識

從季節的變換到貨幣的資訊，以下的基本資訊能幫助你在倫敦玩得自在又開心。倫敦文化和習慣皆有別於國內，請先記住這座城市的一些特殊規矩。

貨幣資訊

英國的貨幣單位為英鎊（£），輔幣單位為便士（P），£1＝100P。

£1＝約48.74元

（2015年6月時）

有4種紙鈔，正面全都是伊莉莎白女王的肖像，背面則描繪著歷史上的人物。有8種硬幣，正面全都是伊莉莎白女王，背面則是不同的設計。
信用卡可以當成身分證明來用，也不必帶太多現金在路上走，非常方便。只不過，請注意地鐵的自動售票機等只能使用內建IC晶片的信用卡，密碼也請事先確認好。

 1P
 2P
 5P
10P
20P
 50P
 £1
 £2

£5   £10   £20   £50

●貨幣兌換

在機場和市區都可以直接換匯成英鎊。郵局、銀行、貨幣兌換處等地的匯率及手續費都不盡相同，不妨比較之後再選擇對自己最有利的地方。考慮到要花的時間，事先在國內換好需要的金額較為省事。

機場	市區的貨幣兌換處／飯店	ATM	郵局／銀行
當場換匯	**數量很多很方便**	**24小時皆可使用**	**匯率比較好**
機場的銀行匯率都不太划算。如果沒有帶英國貨幣就入境的話，只要先換好立即需要的金額即可。	貨幣兌換處多半在地鐵出口等地。有的不僅匯率不划算，還設有昂貴的手續費。但急用時相當方便。	到處都有，很方便。有的ATM會另外設定銀行手續費以外的附加手續費。	匯率比較好又不需手續費。郵局的數量雖然不多，但手續簡便，令人安心。銀行則通常得花上比較久的時間。

結合ATM的建議

可使用附有預借現金功能的信用卡或國際金融卡、Visa金融卡，從ATM提領出所需的當地貨幣現鈔。利用附有預借現金功能的信用卡在ATM提領現金的時候，依照各發卡公司的合約內容，要支付額外的手續費。在貨幣兌換處換英鎊的時候，需支付2～5%左右的手續費，但是依照店鋪不同，也有不收取手續費的情況。

ATM有用的英文單字

密碼…PIN/ID CODE/SECRET CODE/PERSONAL NUMBER
確認…ENTER/OK/CORRECT/YES
取消…CANCEL
交易…TRANSACTION
提領現金…WITHDRAWAL/GET CASH
預借現金…CASH ADVANCE/CREDIT
金額…AMOUNT

 國內各大銀行都有發行附有預借現金功能的信用卡或國際金融卡、Visa金融卡。

旅遊季節

每年只有8天節日，不算多。由於商店等設施在元旦及聖誕節都不營業，所以這段期間的旅行絕對不能少了事前的旅遊規劃。一年四季的氣溫都偏低，會讓人想念太陽。尤其冬天的日照很短，請特別留意。

● 主要節日

1月1日	元旦
4月3日	耶穌受難日※
4月6日	復活節※
5月4日	五朔節※
5月25日	春季銀行假期※
8月31日	夏季銀行假期※
12月25日	聖誕節
12月28日	聖誕節翌日

※是每年日期都會變動的浮動節日。以上是2015年的節日。

● 主要活動

2月中旬	慶祝農曆新年
3月18～22日	切爾西骨董展
4月26日	倫敦馬拉松
5月19～23日	切爾西花展
6月13日	女王官方生日閱兵遊行
6月16～20日	皇家雅士谷賽馬盛會
6月下旬～7月中旬	溫布頓網球公開賽
7月中旬	英國高爾夫球公開賽（聖安德魯斯）
6月30日～7月5日	漢普頓宮花展
8月中旬	英國啤酒節
8月下旬	英格蘭超級足球聯賽
9月中旬（暫定）	泰晤士河嘉年華會
11月中旬～	聖誕燈會

● 氣候與建議

春 3～5月	3月多半都是寒冷的日子，天氣瞬息萬變。一定要帶薄毛衣會外套。5月時就會完全染上春天的氣息。	**夏** 6～8月	初夏涼爽宜人。即使到了盛夏，早晚還是略有寒意，所以還是必須帶一件薄毛衣。
秋 9～11月	當時序進入9月，秋天的腳步就近了。到了11月，會開始起霧，所以必須帶著帽子和手套、厚外套。	**冬** 12～2月	氣溫逐漸下降，進入寒風刺骨的時期。陽光露臉的日子會變得少之又少，請做好防寒準備。
當令美食	3～5月／白蘆筍、羔羊、鮭魚 6～8月／櫛瓜、比目魚 9～11月／蕈菇、鴨、野味、牡蠣、貝類		 牡蠣

● 平均氣溫與降雨量

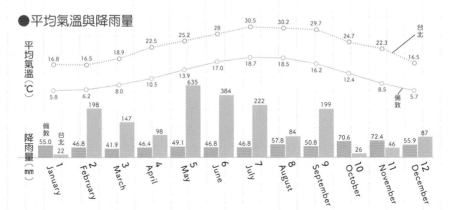

小小資訊　每年6月的女王官方生日閱兵遊行會配合禁衛騎兵團部的活動，在週六舉行。

旅遊資訊　旅遊常識

133

撥打電話

設置在街頭的公共電話

- 從自己的手機撥號時⋯撥打的方法及費用依各家電信的收費而異。
- 公共電話⋯可以使用硬幣、信用卡等。硬幣可以使用10P〜£1。
  未使用的硬幣會退還，但不會找零。只要插進信用卡，即可撥打。

● 倫敦→台灣

00（國際電話識別號碼）－886（台灣的國碼）－對方的電話號碼（去除開頭的0）

● 倫敦市內通話（從飯店的客房打出去為例）

直接撥打城市碼020開頭的電話號碼即可。由飯店的客房撥打電話時，請撥打外線專用
號碼（視飯店而異）－對方的電話號碼。

● 台灣→倫敦（以家用電話為例）

電話公司的識別號碼（※）－010－44（英國的國碼）－對方的電話號碼（去除開頭的0）
※各電信公司皆不同，請洽詢自己的電信業者。

網路使用

● 在市內

在倫敦，咖啡廳和餐廳、百貨公司、超級市場等地的
Wi-Fi熱點越來越多。除了麥當勞和星巴克等的大型連鎖
店也以免費使用Wi-Fi之外，有些個人經營的咖啡廳和餐
廳也可以使用Wi-Fi，主動詢問店員就會提供連線的密
碼。只要有智慧型手機等可以連上無線網路的機器，不
須使用手機的國際漫遊，即可瀏覽網頁和收發電子郵
件，相當方便。

● 在飯店

大部分的飯店都會在大廳或會議室設置房客可以自
行使用的連線設備。也有很多飯店的客房裡就有很
完備的無線網路或寬頻上網的連線設備，只要帶自
己的電腦就可以使用網路。不過，也有些飯店會收
費，所以如果有上網需求的話，請在訂房的時候事
先確認。

郵件、小包寄送

● 郵件

在郵局POST OFFICE就可以買到郵票。如果要寄回台
灣，只要在地址上以英文註明「TAIWAN」「AIR
MAIL」，剩下的就以寫中文了。郵筒是紅色的箱
型，要寄回台灣的航空信請投入「FIRST CLASS」。
也可以請飯店的櫃台代為交寄。如果要寄的是包裹，
必須要填寫海關申報單。船運比較便宜，但是寄到台
灣大概要花上60〜80天左右。空運則是按照所需天數
及保值金額提供各式各樣的選項，請配合交寄的物品
來選擇。

郵局　Post Office
URL www.postoffice.co.uk/

● 快遞

UPS和DHL在台灣有服務中心，也可以用中文上官網
托運。要是附近有營業處，還可以到飯店取件。

從倫敦寄回台灣的參考時間費用

內容	時間	費用
明信片、信函（20克以下）	5〜7天	£1.28
信函（50克以下）	5〜7天	£2.15
包裹（2公斤以下）	5〜7天	£25

※包裹是以空運為例，船運大概要60〜80天

- UPS
  http://www.ups.com/asia/tw/chtindex.html
- DHL
  http://www.dhl.com.tw/zt.html

注意事項　在海外使用行動電話的時候需留意通話費。不使用的時候就要關掉國際漫遊，或申請計量型優惠方案。

飲水、廁所&其他

●自來水可以飲用嗎？

倫敦的自來水雖然可以喝，但是含有大量的石灰質，所以喝不慣的人建議還是買礦泉水來喝。除了不含氣泡（Still）的礦泉水以外，也有含氣泡（Sparkling或Gas）的礦泉水。

礦泉水的種類
十分豐富

●必須要有轉接插頭及變壓器

倫敦的電壓為240伏特、頻率為50Hz。從台灣帶電器產品過去的時候，看是要使用內建變壓器的海外旅行用轉接插頭，還是另外帶變壓器。轉接插頭的形狀主要是3孔的BF式。

BF式

●香菸

英國自從2007年夏天開始實施禁菸令，禁止在巴士及火車、地鐵、船舶、飛機等運輸工具和商店、百貨公司、車站、觀光設施、機場、飯店、餐廳、咖啡廳等建築物內公共空間抽菸。違者會被處以罰款（最高£2500），所以請特別注意。

●倫敦的樓層顯示

在飯店及百貨公司等設施的樓層顯示，Ground Floor（G）是台灣的1F，1st. Floor（1F）是台灣的2F，2nd. Floor（2F）是台灣的3F，請特別注意。附帶一提，B1F為1st. Basement（1B），倒是簡單明瞭。

●想上廁所怎麼辦？

百貨公司及美術館、飯店等設施的廁所不需付費。咖啡廳的廁所是給客人專用的，所以無論如何都想借用的話，至少要點一杯飲料。有很多地鐵站都沒有廁所。雖然數量不多，但市內也有收費的公共廁所，費用為£0.50左右。

位於南岸區的收費廁所

●以下是營業時間

以下是倫敦的一般營業時段。商店在週四多半都會開到比較晚。美術館或博物館也都會每週設定1次開到比較晚的日子。

餐廳	時12～15時、18～23時
商店	時10～18時（週四～20時）
百貨公司	時10～18時（週四～20時、週日12時～）
美術館、博物館	時10～18時（每週1天～20時）
銀行	時9～17時（週六～12時30分）休週日

●尺寸

○女裝

台灣	服飾	7	9	11	13	15
英國		32	34	36	38	40
台灣	鞋	22.5	23	23.5	24	24.5
英國		4	4.5	5	5.5	6

○男裝

台灣	服飾	S		M		L	
英國		36	38	40	42	44	
台灣	鞋	24.5	25	25.5	26	26.5	
英國		6	6.5	7	7.5	8	

※以上的尺寸對照表僅供參考用，會因為製造廠商而有所不同，請留意。

倫敦的物價

礦泉水 （500ml） £0.50～	麥當勞的 漢堡 99P～	星巴克的 咖啡 £1.95～	生啤酒 （1品脫） £3.60（左右）～	計程車 起跳價 £2.40～

注意事項　自從實施公共場所禁止吸菸以後，在路上抽菸的人大增。請遵守規定，在設置有菸灰缸的地方抽菸。

規矩&禮儀

［觀光］

●強力好幫手！旅客服務中心

在旅客服務中心可取得集當地的資訊。除了聖保羅大教堂附近以外，主要的地鐵站也有服務中心，所以不妨收集一下最新資訊。
■旅客服務中心共通　URL www.visitlondon.com/　☎020-7332-1456
■倫敦市旅客服務中心　住St. Pauls Churchyard, EC4M 8BX　時9時30分～17時30分（週日10～16時）　休無休　別冊MAP●P8B2
■皮卡迪里圓環站　時9時15分～19時休無休　別冊MAP●P23D3
■利物浦街站　時8時15分～19時15分（週五～20時15分）　休無休　別冊MAP●P25A4

●上教堂的禮儀

教堂不僅是觀光名勝，更是做禮拜及舉行婚喪喜慶的神聖場所。禁止穿著太過暴露的服裝。請不要在週日早上等做禮拜的時段前去參觀。

●要留意不能拍照的場所

美術館和博物館內可能會有禁止攝影的地方。就算可以拍照，幾乎所有的地方也都會禁止使用閃光燈和腳架，請特別注意。

●去免費設施記得捐獻

大部分的博物館都沒有明訂的入場費，但是為了設施的維持管理，會請遊客樂捐。捐款的金額基準會寫在募款箱上，不妨做為參考。

●排隊的規矩

在車站和機場等地排隊的時候，即使有好幾個窗口，也要排成一排，再依序往空的窗口前進是倫敦的作法。請小心不要插隊了。

［美食］

●滿意的話請給小費

如果餐點費用內含服務費的話就不需再另外給小費。不含服務費時，用餐的感覺還不錯的話，不妨留下10～15%左右的小費。

●訂位、確認著裝規定

如欲前往高級餐廳用餐，最好先訂位比較保險。請以電話告知訂位日期和人數。有的店會規定女性要穿套裝或連身洋裝、男性要穿著外套和打領帶。訂位時不妨確認一下著裝規定。

●想省錢的人請外帶

如果是炸魚&薯條之類的餐廳，外帶（Take Out）會比在店內用餐便宜。

［購物］

●附加價值稅的退稅

在英國購買商品會徵收20%的加值稅（VAT）。以環球藍聯為例，如果是居住在歐盟圈以外的觀光客，在TAX FREE加盟店單日單店購買超過£30（視店鋪而異）的商品時，可以退回購買金額的4.2～14%。條件是離開英國的時候尚未使用。如果回國的班機會過境歐洲的話，請在最後經過的歐盟加盟國辦理退稅手續。

○環球藍聯的免稅方法
①一旦購買時合計金額超過規定金額（£30），就可以出示護照，要求退稅。
②在退稅申請表上填妥必填欄位後，記得索取退稅申請表和專用信封。
③回國時，前往機場的受理退稅手續櫃台（VAT Refunds），出示退稅申請表和護照、登機證或機票（或者電子機票收據）、未使用的商品與發票，請海關在退稅申請表上蓋章。順序依機場及航廈而異，所以請事先確認清楚。
④可選擇現金、透過信用卡公司、以銀行支票退稅等方式。如果選擇現金退稅，可以在當地的退稅櫃台直接退回現金。如果選信用卡或支票退稅，必須向環球藍聯出示退稅申請表。由於在當地丟退稅郵筒經常會發生遺失的糾紛，所以最好是回國後再以航空郵件寄出，或者是直接交給櫃台比較保險。大概要2、3個月才能收到退還的稅金。詳情請參照環球藍聯 URL www.global-blue.com/。

［飯店］

●別忘了給小費

請飯店幫忙搬行李的時候，1件行李要支付£1的小費。要求客房服務的時候，1次大概也是£1。客房清潔則不需付小費。

●連住兩晚以上要注意

以下雖視飯店而異，但是也有些飯店針對連住兩晚以上的客人不提供新的毛巾。想要換新毛巾的時候，可以把毛巾放在浴室的地板上。大多數的飯店都不會每天換床單，所以不妨事先確認清楚。

希斯洛機場內辦理退稅者經常大排長龍，一般大約需要等候一個小時左右，欲辦理退稅者請提早抵達機場辦理。

突發狀況應對方式

倫敦的治安良好，但也不能掉以輕心。扒手及順手牽羊、鎖定觀光客的詐欺等還是經常發生，所以一定要小心。另外，不光是女生，最好是不要靠近人煙稀少的地方為妙。

●生病時

請不要遲疑，直接去看醫生。如果不知道該怎麼辦才好的話，只要請飯店的櫃台幫忙連繫醫生、或者是連絡跟團的旅行社或投保的保險公司在當地的辦事處，就會幫忙介紹醫院。由於海外的用藥可能會與體質不合，最好從國內帶些常備藥出發。

●遭竊、遺失時

○護照
護照遭竊、遺失時，請向警方報案，請警方開立遭竊（或者是遺失）證明，然後至我國駐當地代表處辦理註銷手續，再申辦補發護照或核發返國的入國證明書。

○信用卡
為了防止遭到冒用，首先要連絡發卡銀行，將卡片掛失，然後再遵照發卡銀行的指示辦理。

●突發狀況範例

○在地鐵上被好幾個人團團圍住，趁機打開手拿包或手提袋的拉鍊，抽走錢包和貴重物品。
⇒盡量避免在人潮擁擠的時候坐車，不要讓貴重物品露白。隨時把皮包拿在身體的前方。

○當路上有攤開地鐵路線圖等的人士前來問路，趁說明時藉機利用地圖掩護從包包裡扒走錢包。
⇒要無時無刻盯緊自己的財物。

○在操作ATM的時候，突然被人從背後叫住，趁不注意的時候搶奪卡片和現金。
⇒避免在夜間和人煙稀少的地方使用ATM。千萬不要讓其他人看見密碼。

○謊稱是警察的人上前盤查，要求出示身分證或錢包，以迅雷不及掩耳的速度從錢包裡抽走信用卡或現金。
⇒警察不會要求出示錢包。可請對方出示相關證件，一旦覺得可疑時，請向附近的路人求助。

出發前 Check！

可上外交部領事事務局網站的旅外安全資訊頁面，確認當地治安狀況和旅遊警示分級。
URL www.boca.gov.tw/

旅遊便利貼

［倫敦］

●駐英國台北代表處
交 ⓊVICTORIA站步行5分
住 50 Grosvenor Gardens London SW1W 0EB
☎020-7881-2650
FAX 020-7730-3139
時 9時～17時
受理領務申請9時30分～12時30分
休 週六、日
URL www.taiwanembassy.org/uk/mp.asp?mp=131
Email：tro@taiwan-tro.uk.net

●急難救助
行動電話：(44)7768-938765
英國境內直撥：07768-938765
旅外國人急難救助全球免付費專線：00-800-0885-0885(直播)

●報警、急救、消防 ☎999

●信用卡公司緊急連絡電話
·Visa全球緊急服務中心
☎0800-169-5189
(免費求助電話／24小時服務)
·JCB卡
☎00-800-3865-5486(免費服務熱線)
·美國運通卡
☎001-636-722-7111(免費服務熱線)
·萬事達卡
☎1-800-55-7378(免費服務電話)

［台灣］

●英國在台辦事處
住 台北市信義區松高路9-11號26樓
☎02 8758 2088
時 9時～12時30分、13時30分～17時
休 週六、日、例假日
URL www.gov.uk/government/world/taiwan.zh-tw

●英國簽證申請中心
住 台北市信義區松仁路97號(第二交易廣場)7樓A室
時 8時～15時
休 週六、日、例假日
URL www.vfsglobal.co.uk/taiwan/vfsglobalintroduction.html

●英國政府觀光局
URL www.visitbritain.com

●主要機場
·桃園國際機場 ☎03-398-3728
URL www.taoyuan-airport.com/
·臺北松山機場 ☎02-8770-3456
URL www.tsa.gov.tw/
·高雄國際航空站 ☎07-805-7631
URL www.kia.gov.tw/

旅遊資訊 旅遊常識

注意事項　出門在外，隨時都有可能遇見突發狀況。為了以備不時之需，最好事先把目的地的飯店電話號碼抄下來。

簡單列出 行前準備memo

首先請參考旅遊季節（→P133），決定好服裝及要帶的東西，
在出發之前記在便利memo欄裡。還有時間的話，不妨也想想要送誰什麼伴手禮。

托運行李list

- ☐ **鞋子**
  除了好走的平底鞋以外，如果再帶
  一雙較為正式的鞋子會更方便
- ☐ **手提包**
  早餐和晚餐時能放進錢包和手機，
  方便攜帶的大小
- ☐ **衣服**
  請選擇適合洋蔥式穿法，不容易起
  皺的質料
- ☐ **內衣類**
  上下各準備3套左右，在當地洗就好
  了。別忘了襪子
- ☐
- ☐
- ☐

- ☐ **牙刷牙膏組**
  有很多飯店的備品裡是不包含牙刷、
  牙膏的
- ☐ **洗臉用品**
  卸妝油、洗面乳等
- ☐ **化妝品**
  粉底、唇膏、眼影、腮紅、眉筆等
- ☐ **防曬**
  日曬強烈的夏天
  請準備高SPF係數的防曬品
- ☐ **沐浴用品**
  飯店都會有沐浴乳等，
  如果沒那麼講究的話可以不用帶

- ☐ **拖鞋**
  可以折疊的旅行用拖鞋或
  拋棄式的拖鞋很方便
- ☐ **常備藥**
  止瀉藥、胃藥、綜合感冒藥等。
  如果有漱口劑更好
- ☐ **生理用品**
- ☐ **轉接插頭、變壓器、充電器**
  帶的若不是內建變壓器的海外旅行用
  機種，就必須要有變壓器
- ☐ **環保袋**
  以不佔空間、可以折得小小的
  比較方便
- ☐ **折傘**
  由於經常下雨，
  連雨衣都帶上的話更理想
- ☐ **太陽眼鏡**
- ☐ **帽子**

> 如果有洗衣服的道具、折疊
> 式的衣架會更方便。有打算
> 在熟食店和超級市場採買食
> 材的人，也別忘了帶上環保
> 筷和拋棄式的湯匙。

> 除了環保袋以外，最好
> 也帶上幾個塑膠袋備
> 用，有東西弄濕或購買
> 液狀商品的時候可以使
> 用。

> ！注意！
> 可以免費帶上飛機的行李在
> 重量和大小上都有限制。每
> 家航空公司的規定不同，所
> 以請仔細確認。另外，托運
> 行李有可能會在搬進搬出機
> 艙的時候破損。慎重起見，
> 最好綁上行李箱束帶。

> 不妨善用尼龍材質的
> 化妝包或夾鏈袋來分
> 裝行李。也可以用大
> 方巾來包衣服。

> 請把比較重的東西
> （鞋子和沐浴用品
> 等）放在行李箱底
> 側。

便利memo

在飛機上填寫入境表格或申報書時使用

護照號碼(　　　　　　　)　　　　飯　店(　　　　　　　　　)

去程航班(　　　　　　　)　　　　出發日(　　　　　　　　　)

回程航班(　　　　　　　)　　　　歸國日(　　　　　　　　　)

手提行李list

☐護照
　　絕對不能忘記！出發前請再檢查

☐信用卡

☐現金
　　除了已經換好的當地貨幣以外，
　　也別忘了在國內使用的來回車資

☐數位相機
　　電池、記憶卡最好都能準備備用的份

☐行動電話
　　若是具備計算功能的行動電話，選能作為計算機

☐原子筆
　　填寫入境表格或申報書時不可或缺

☐旅遊行程表（機票／電子機票收據）

☐面紙

☐手帕

☐護唇膏

☐圍巾／口罩（需要的人才帶）
　　飛機上很乾燥，有口罩的話會很方便

手提行李注意事項

帶上飛機的液體類有很嚴格的限制（→P124）。髮膠等氣壓器產品、護唇膏等凝膠狀的東西也都包含在液體內，請特別注意。另外，也禁止攜帶刀刃類的東西上飛機，所以請盡量把在飛機上不會使用到的東西放進行李箱裡。

別忘了

建議選擇可以把雙手空出來的肩背式包包

伴手禮list

送禮對象	伴手禮品項	預算

觀光景點

⤴ └─☐想去的地方打個✓ ■去過的地方塗黑

商店、市場

索引

141

☐想去的地方打個✓　■去過的地方塗黑

商店、市場

餐廳、酒館、茶館、咖啡廳、甜點

餐廳、酒館、茶館、咖啡廳、甜點

娛樂

郊區

索引

143

時尚・可愛・慢步樂活旅

Lala Citta
ララチッタ
LONDON

國家圖書館出版品預行編目（CIP）資料

倫敦 / JTB Publishing, Inc.作；
賴惠鈴翻譯. —— 第一版. -- 新北市：
人人, 2015.07
面；公分. ——（叩叩世界系列；2）
ISBN 978-986-461-003-7（平裝）
1.旅遊 2.英國倫敦

741.719　　　　　　　104010801

JMJ

【 叩叩世界系列 2 】
倫敦

作者／JTB Publishing, Inc.
翻譯／賴惠鈴
編輯／廉凱評
發行人／周元白
排版製作／長城製版印刷股份有限公司
出版者／人人出版股份有限公司
地址／23145 新北市新店區寶橋路235巷6弄6號7樓
電話／（02）2918-3366（代表號）
傳真／（02）2914-0000
網址／http://www.jjp.com.tw
郵政劃撥帳號／16402311 人人出版股份有限公司
製版印刷／長城製版印刷股份有限公司
電話／（02）2918-3366（代表號）
經銷商／聯合發行股份有限公司
電話／（02）2917-8022
第一版第一刷／2015年7月
第一版第二刷／2016年9月
定價／新台幣400元

日本版原書名／ララチッタ ロンドン
日本版發行人／秋田　守
Lala Citta Series
Title: LONDON
Copyright © 2014 JTB Publishing, Inc.
All rights reserved
First published in Japan in 2014 by JTB Publishing, Inc. Tokyo
Chinese translation rights arranged with JTB Publishing, Inc.
through CREEK & RIVER Co., Ltd. Tokyo
Chinese translation copyrights © 2015 by Jen Jen Publishing Co., Ltd.

Find us on
人人出版・人人的伴旅

人人出版好本事
提供旅遊小常識＆最新出版訊息
回答問卷還有送小贈品
部落格網址：http://www.jjp.com.tw/jenjenblog/

Lala Citta 倫敦
別冊MAP

Contents

MAP 符號標示
H 飯店
🚇 地鐵站
ℹ️ 旅客服務中心
✈ 機場
🚏 巴士站
🏛 銀行
📮 郵局
🏥 醫院
⊗ 警察局
⛪ 教堂
🅿 停車場
St. = Street
Ln. = Lane
Rd. = Road
Dr. = Drive
Hwy. = Highway
Ave. = Avenue
Pl. = Place
Sq. = Square

1

倫敦全域圖

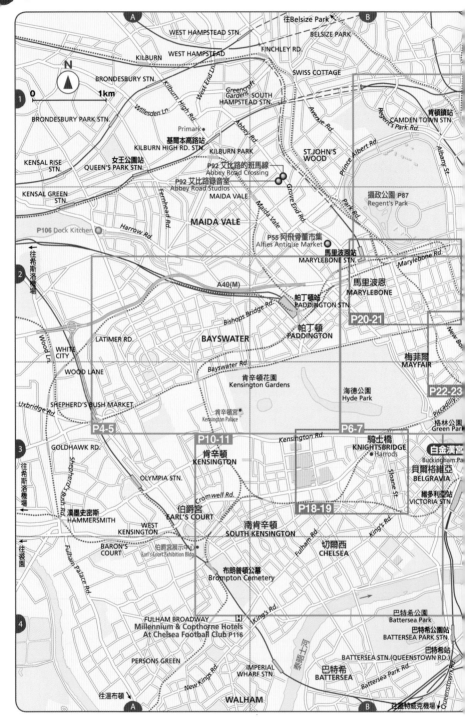

WEST HAMPSTEAD STN.
往Belsize Park
BELSIZE PARK

WEST HAMPSTEAD
FINCHLEY RD.
KILBURN
SWISS COTTAGE

BRONDESBURY STN.
Greencroft Gardens SOUTH HAMPSTEAD STN.

Willesden Ln.
Kilburn High Rd.
West End Ln.
Abbey Rd.
Avenue Rd.
Prince Albert Rd.
Regent's Park Rd.
肯頓鎮站 CAMDEN TOWN STN.
Albany St.

BRONDESBURY PARK STN.
Primark
基爾本高路站 KILBURN HIGH RD. STN.
KILBURN PARK
ST. JOHN'S WOOD

KENSAL RISE STN.
女王公園站 QUEEN'S PARK STN.
P92 艾比路的斑馬線 Abbey Road Crossing
P92 艾比路錄音室 Abbey Road Studios
MAIDA VALE
Grove End Rd.
Park Rd.
攝政公園 P87 Regent's Park

KENSAL GREEN STN.
Fernhead Rd.
Maida Vale
MAIDA VALE

Harrow Rd.
P106 Dock Kitchen
P55 阿飛骨董市集 Alfies Antique Market
馬里波恩站 MARYLEBONE STN.
Marylebone Rd.

往希斯洛機場
Wood Ln.
A40(M)
馬里波恩 MARYLEBONE
P20-21
New Bon

Bishops Bridge Rd.
帕丁頓站 PADDINGTON STN.

LATIMER RD.
BAYSWATER
帕丁頓 PADDINGTON

WHITE CITY
WOOD LANE
Bayswater Rd.
梅菲爾 MAYFAIR

Uxbridge Rd.
SHEPHERD'S BUSH MARKET
肯辛頓花園 Kensington Gardens
海德公園 Hyde Park
P22-23

P4-5
肯辛宮 Kensington Palace
Piccadilly
格林公園 Green Park

GOLDHAWK RD.
P10-11
肯辛頓 KENSINGTON
Kensington Rd.
騎士橋 KNIGHTSBRIDGE
Harrods
P6-7
白金漢宮 Buckingham Pa

往希斯洛機場
Shepherd's Bush Rd.
OLYMPIA STN.
Cromwell Rd.
Sloane St.
貝爾格維亞 BELGRAVIA

漢墨史密斯 HAMMERSMITH
伯爵宮 EARL'S COURT
WEST KENSINGTON
南肯辛頓 SOUTH KENSINGTON
P18-19
維多利亞站 VICTORIA STN.

往裘園
BARON'S COURT
伯爵宮展示中心 Earl's Court Exhibition Bldg.
布朗普頓公墓 Brompton Cemetery
Fulham Rd.
切爾西 CHELSEA
King's Rd.

Fulham Palace Rd.
FULHAM BROADWAY
Millennium & Copthorne Hotels At Chelsea Football Club P116
King's Rd.
巴特希公園 Battersea Park
巴特希公園站 BATTERSEA PARK STN.
巴特希站 BATTERSEA STN. (QUEENSTOWN RD.)

PERSONS GREEN
泰晤士河
巴特希 BATTERSEA
Battersea Park Rd.
Queenstown Rd.

往溫布頓
IMPERIAL WHARF STN.
New Kings Rd.
WALHAM
往蓋特威克機場

N
0 ___ 1km

區域 Navi 倫敦市區意外地小而美。搭乘地鐵，無論去哪，大概1小時就能抵達。

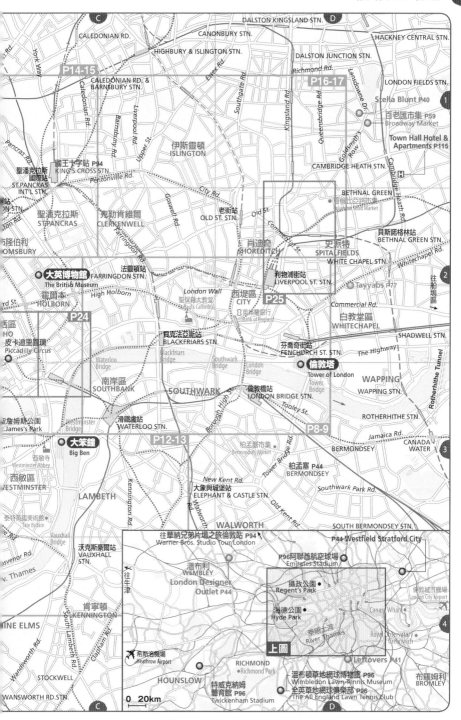

CALEDONIAN RD.

DALSTON KINGSLAND STN.

CANONBURY STN.

CANONBURY STN.

HACKNEY CENTRAL STN.

HIGHBURY & ISLINGTON STN.

DALSTON JUNCTION STN.

P14-15

LONDON FIELDS STN.

CALEDONIAN RD. & BARNSBURY STN.

P16-17

Stella Blunt P40

百老匯市集 P59
Broadway Market

伊斯靈頓
ISLINGTON

Town Hall Hotel &
Apartments P115

國王十字站 P94
KING'S CROSS STN.

CAMBRIDGE HEATH STN.

聖潘克拉斯
國際站
ST.PANCRAS
INT'L STN.

聖潘克拉斯
ST PANCRAS

兒勤肯維爾
CLERKENWELL

老街站
OLD ST. STN.

BETHNAL GREEN

BETHNAL GREEN STN.

貝斯諾格林站

隆伯利
OMSBURY

肖迪奇
SHOREDITCH

史派特
SPITAL FIELDS

WHITE CHAPEL STN.

大英博物館
The British Museum

法靈頓站
FARRINGDON STN.

利物浦街站
LIVERPOOL ST. STN.

Tayyabs P77

電爾本
HOLBORN

High Holborn

London Wall

西堤區
CITY

P25

Commercial Rd.

往船場區

皮卡迪里圓環
Piccadilly Circus

P24

聖保羅大教堂
St.Paul's Cathedral

英格蘭銀行
Bank of England

白教堂區
WHITECHAPEL

SHADWELL STN.

貝克法亞斯站
BLACKFRIARS STN.

Blackfriars
Bridge

Southwark
Bridge

芬喬奇街站
FENCHURCH ST. STN.

The Highway

Rotherhithe Tunnel

Waterloo
Bridge

London
Bridge

倫敦塔
Tower of London

南岸區
SOUTHBANK

SOUTHWARK

倫敦橋站
LONDON BRIDGE STN.

Tower
Bridge

WAPPING

WAPPING STN.

滑鐵盧站
WATERLOO STN.

Tooley St.

P8-9

ROTHERHITHE STN.

聖詹姆斯公園
t. James's Park

Westminster
Bridge

大笨鐘
Big Ben

Jamaica Rd.

CANADA
WATER

P12-13

柏孟賽市集
Bermondsey Market

BERMONDSEY

西敏寺
Westminster Abbey

西敏區
ESTMINSTER

柏孟賽 P44
BERMONDSEY

LAMBETH

New Kent Rd.

Southwark Park Rd.

泰特英國美術館
Tate Britain

大象與城堡站
ELEPHANT & CASTLE STN.

SOUTH BERMONDSEY STN.

沃克斯豪爾站
VAUXHALL
STN.

WALWORTH

P44 Westfield Stratford City

INE ELMS

肯寧頓
KENNINGTON

往華納兄弟之旅倫敦站
Warner Bros. Studio Tour London P94

P96阿聯酋航空球場
Emirates Stadium

v. Thames

溫布利
WEMBLEY
London Designer
Outlet P44

攝政公園
Regent's Park

倫敦城市機場
London City Airport

STOCKWELL

海德公園
Hyde Park

Canary Wharf

ANSWORTH RD. STN.

上圖

River Thames

Royal Observatory
Greenwich

布斯洛機場
Heathrow Airport

Leftovers P41

HOUNSLOW

RICHMOND
Richmond Park

溫布頓草地網球博物館 P96
Wimbledon Lawn Tennis Museum

布羅姆利
BROMLEY

0   20km

特威克納姆
靈育館 P96
Twickenham Stadium

全英草地網球俱樂部 P96
The All England Lawn Tennis Club

C

D

N

往希斯洛機場

希斯洛機場快線·希斯洛列車

0　200m

P106 George's Portobello
Fish Bar

WESTBOURNE PARK

WESTWA

HAMMERSMITH & CITY LINE

Lucky 7 P106

St. Charles Sq.

Chesterton Rd.

Bassett Rd.

Oxford Gardens

波特貝羅市集 P58
Portobello Market

LADBROKE GROVE

Lancaster Rd.

Rough Trade P107

All Saints Ch.

P107 Books for Cooks

P107 202 Café

P75 Daylesford
Organic

WESTWAY

Temperley London

Westbourne
Grove

Ottolenghi
P80

Melt P107

P82 The Hummingbird Bakery

Westbourne Grove

Kensington
Sports Cent'l

P47 Paul Smith

Joseph P107

往漢墨史密斯站

Rosemead Rd.

Avonedale
Park

St.John's Ch.

Ladbroke Sq.
Gardens

NOTTING HILL GATE

諾丁丘門
NOTTING HILL GATE

CIRCLE LINE

Notting Hill Gate

Wilsham St.

St-James's Ch.

Ladbroke Rd.

警察局

HOLLAND PARK

荷蘭公園
HOLLAND PARK

DISTRICT LINE

Queensdale Rd.

CENTRAL LINE
中央線

SHEPHER'S BUSH

Holland Park Ave.

Holland Park

P106 The Churchill Arms

Holland Park Sch.

荷蘭公園
Holland Park

Holland House

區域
Navi
帕丁頓站（D2）是從希斯洛機場發車的希斯洛機場快線起訖站。
轉乘的標示也很清楚，轉乘地鐵線也很方便。

區域 Navi　移動時，有時穿過座落在市區內各處的公園還比較快。充分展現巴克萊自行車出租計畫（本書→P131）的便捷性。

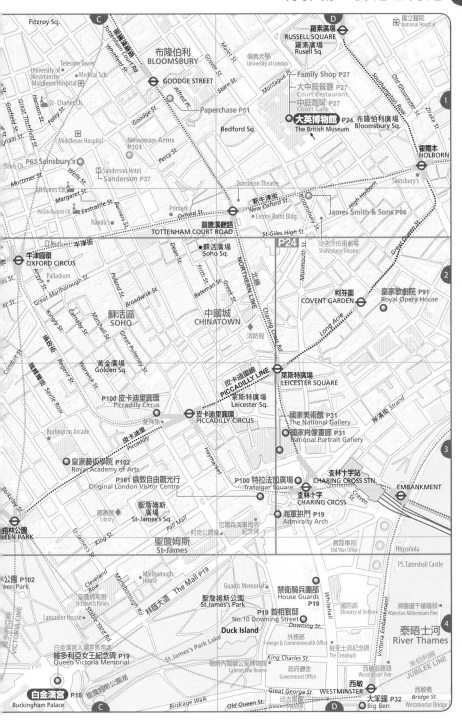

Fitzroy Sq.

國立醫院
National Hospital

羅素廣場
RUSSELL SQUARE
羅素廣場
Rusell Sq.

布隆伯利
BLOOMSBURY

Telecom Tower

University of Westminster
Middlesex Hospital
Medical Sch.

GOODGE STREET

Paperchase P51

Family Shop P27
大中庭餐廳
Court Restaurant P27
中庭咖啡
Court Cafe P27

大英博物館 P24
The British Museum

布隆伯利廣場
Bloomsbury Sq.

霍爾本
HOLBORN

St-Charles Ch.

Bedford Sq.

Newman Arms P101

Middlesex Hospital

Sainsbury's P63

Sanderson Hotel
Sanderson P37

Dominion Theatre

新牛津街
New Oxford St.

James Smith & Sons P66

All Saints Ch.

Welsh Baptist Ch.

Nando's

Primark

牛津街
Oxford St.

Centre Point Bldg.

St-Giles High St.

圖騰漢廳路
TOTTENHAM COURT ROAD

蘇活廣場
Soho Sq.

P24

沙夫茨伯里劇院
Shaftsbury Theatre

牛津圓環
OXFORD CIRCUS

Palladium

北線
NORTHERN LINE

柯芬園
COVENT GARDEN

皇家歌劇院 P91
Royal Opera House

蘇活區
SOHO

黃金廣場
Golden Sq.

中國城
CHINATOWN

消防局

Long Acre

Burlington Arcade

P100 皮卡迪里圓環
Piccadilly Circus

萊斯特廣場
Leicester Sq.

皮卡迪里線
PICCADILLY LINE

萊斯特廣場
LEICESTER SQUARE

皮卡迪里圓環
PICCADILLY CIRCUS

國家美術館 P31
The National Gallery

國家肖像畫廊 P31
National Portrait Gallery

皇家藝術學院 P102
Royal Academy of Arts

倫敦自由觀光行 P101
Original London Visitor Centre

P100 特拉法加廣場
Trafalgar Square

查林十字站
CHARING CROSS STN.

EMBANKMENT

皮卡迪里
Piccadilly

查林十字
CHARING CROSS

圖書館
Library

聖詹姆斯廣場
St-James's Sq.

Pall Mall

海軍拱門 P19
Admiralty Arch

納爾森海軍司令紀念碑

格林公園
GREEN PARK

聖詹姆斯
St-James

Old War Office

Hispañola

公園 P102
Green Park

Cleveland Row

Marlborough House

林蔭大道 The Mall P19

Guards Memorial

禁衛騎兵團部
House Guards P19

Whitehall

PS.Tatershall Castle

聖詹姆斯宮
St-James's Palace

Stable Yard Rd.

聖詹姆斯公園
St James's Park

P19 首相官邸
No.10 Downing Street
Downing St.

國防部
Ministry of Defence

Lancaster House

Duck Island

外務部
Foreign & Commonwealth Office

泰晤士河
River Thames

滑鐵盧千禧碼頭
Waterloo Millennium Pier

白金漢宮入場券售票處

維多利亞女王紀念碑 P19
Queen Victoria Memorial

St James's Park Lake

戰時內閣辦公室博物館
Cabinet War Rooms

King Charles St.

戰死士兵紀念碑
The Cenotaph

朱伯利線
JUBILEE LINE

政府廳舍
Government Office

西敏碼頭
Westminster Pier

白金漢宮 P18
Buckingham Palace

Birdcage Walk

Old Queen St.

Great George St.

西敏
WESTMINSTER

大鐘 P32
Big Ben

Bridge St.

西敏橋
Westminster Bridge

觀光景點　商店　餐廳・咖啡廳　●夜間娛樂　飯店

7

西堤區～南岸區周邊

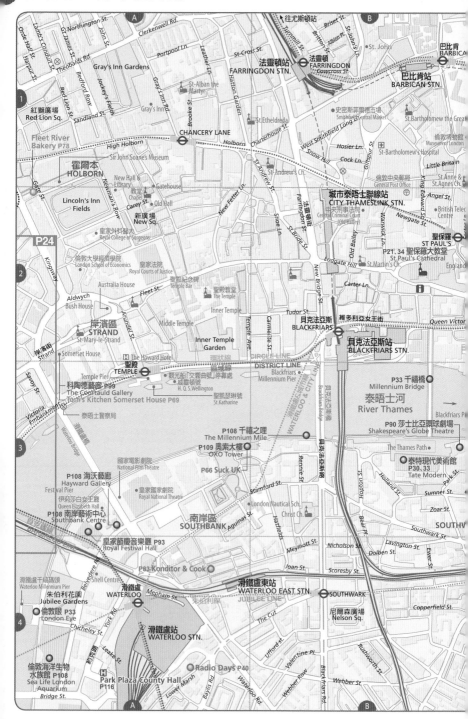

往尤斯頓站

Lamb's Conduit St.
Orde Hall St.
Harpur St.
Theobalds Rd.
Bedford Row
Jockey's Fields
John St.
James St.
Northington St.
Clerkenwell Rd.
Portpool Ln.
Leather Ln.
St-Cross St.
Brooke St.
Gray's Inn Rd.

Hatton Garden

Turnmill St.
Cowcross St.
Briset St.
Albion St.
St. John's St.
Britton St.
St. John

法靈頓站 FARRINGDON STN.
法靈頓 FARRINGDON
巴比肯 BARBICAN
巴比肯站 BARBICAN STN.

紅獅廣場 Red Lion Sq.
Red Lion Row
Sandland St.

Gray's Inn Gardens
Gray's Inn Rd.
St-Alban the Martyr
Gray's Inn
Gatehouse
St Etheldreda

史密斯菲爾德中央市場 Smithfield Central Market
倫敦中央郵局 General Post Office
St. Bartholomew the Great

Fleet River Bakery P78

High Holborn

CHANCERY LANE
Holborn
West Smithfield Long Ln.
Charterhouse St.
Snow Hill
Hosier Ln.
Cock Ln.
Giltspur St.
King Edward St.
Little Britain
St. Anne's & St. Agnes's Ch.
Angel St.

霍爾本 HOLBORN
Sir John Soane's Museum
New Hall & Library
教堂 Chapel
Gatehouse
Old Hall

倫敦博物館 Museum of London
St-Bartholomew's Hospital
英國電信中心 British Telecom Centre

Lincoln's Inn Fields
Newman's Row
Carey St.
New Fetter Ln.
St-Andrew's Ch.
Shoe Ln.
Fetter Ln.
Old Bailey
New Bridge St.
Warwick Sq.
Newgate St.

新廣場 New Sq.
皇家外科醫學院 Royal College of Surgeons
中央刑事法院 (舊貝利) Central Criminal Court (Old Bailey)

城市泰晤士聯線站 CITY THAMESLINK STN.

聖保羅 ST PAUL'S

P24

倫敦大學經濟學院 London School of Economics
皇家法院 Royal Courts of Justice
聖殿紀念碑 Temple Bar

St. Bride's St.
Ludgate Hill
St. Martin's Ch.

P21, 34 聖保羅大教堂 St. Paul's Cathedral
England

Kingsway
Aldwych
Bush House
Australia House
Fleet St.
Arundel St.
聖殿教堂 Temple Church
Inner Temple
Carter Ln.

Queen Victor

岸濱區 STRAND
St-Mary-le-Strand
Middle Temple
Inner Temple Garden
Tudor St.
Carmelite St.
Temple Ave.
CIRCLE LINE

貝克法亞斯 BLACKFRIARS
維多利亞女王街
貝克法亞斯站 BLACKFRIARS STN.

岸濱街 Strand
Somerset House
The Howard Hotel
DISTRICT LINE

Savoy St.
聖殿 TEMPLE
Temple Pier
觀光船「交響曲號」停靠處
H. Q. S. Wellington
聖凱瑟琳號 St.Katharine
Blackfriars Millennium Pier

P33 千禧橋 Millennium Bridge

科陶德藝廊 P99 The Courtauld Gallery
Tom's Kitchen Somerset House P69

泰晤士河 River Thames

Victoria Embankment
泰晤士警察局
滑鐵盧橋
Waterloo Bridge

Blackfriars Br.

P33 莎士比亞環球劇場 P90 Shakespeare's Globe Theatre
Blackfriars Rd.

P108 千禧之哩 The Millennium Mile
P109 奧索大樓 OXO Tower
P66 Suck UK

The Thames Path
泰特現代美術館 P30, 33 Tate Modern

國家電影劇院 National Film Theatre
Rennie St.

Holland St.
Hopton St.
Park St.
Sumner St.
Zoar St.

SOUTHW

P108 海沃藝廊 Hayward Gallery
Festival Pier
伊莉莎白女王廳 Queen Elizabeth Hall
P108 南岸藝術中心 Southbank Centre

皇家國家劇院 Royal National Theatre
Stamford St.
London Nautical Sch.
Christ Ch.

南岸區 SOUTHBANK
Aquinas St.
Hatfields
Bear Ln.
Southwark St.

皇家節慶音樂廳 P93 Royal Festival Hall
Meymott St.
Nicholson St.
Lavington St.
Dolben St.
Ewer St.

P83 Konditor & Cook
Joan St.
Scoresby St.

滑鐵盧千禧碼頭 Waterloo Millennium Pier
朱伯利花園 Jubilee Gardens
倫敦眼 P33 London Eye

Belvedere Rd.
Shell Centre
滑鐵盧 WATERLOO
Mepham St.
York Rd.
Chicheley St.

滑鐵盧東站 WATERLOO EAST STN.
JUBILEE LINE
SOUTHWARK
尼爾森廣場 Nelson Sq.
Copperfield St.

滑鐵盧站 WATERLOO STN.
Leake St.
The Cut
Valentine Pl.
Blackfriars Rd.

倫敦海洋生物水族館 P108 Sea Life London Aquarium
Bridge St.
Radio Days P40
Park Plaza County Hall P116
Lower Marsh
Baylis Rd.
Waterloo Rd.
Webber Row
Webber St.
Rushworth St.

A
B

區域 Navi

泰晤士河北側是名為西堤區的金融重鎮，南側則是持續開發中的南岸區。
隨著都市更新而整修完成的千禧之哩（B3）是一條長約3.2公里的觀光步道。

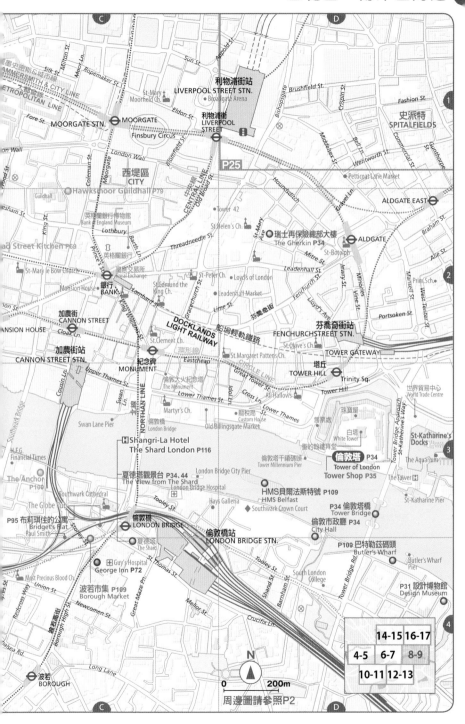

MITTON ST.
Silk St.
Moor La.
Ropemaker St.
Sun St.
Appold St.
HAMMERSMITH & CITY LINE
METROPOLITAN LINE
St-Mary Moorfield Ch.
利物浦街站
LIVERPOOL STREET STN.
Bishopsgate Arena
Brushfield St.
Crispin St.
Fashion St.
SPITALFIELDS
史派特

Fore St.
MOORGATE STN.
MOORGATE
Eldon St.
利物浦街
LIVERPOOL STREET
Finsbury Circus

London Wall
P25

Coleman St.
Moorgate
Old Broad St.
Bloomfield St.
London Wall
Middlesex St.
Wentworth St.
Commercial St.
Gunthorpe St.
ALDGATE EAST
Petticoat Lane Market

西堤區
CITY
Hawksmoor Guildhall P79
Guildhall

Tower 42
St-Helen's Ch.
St-Mary Axe
瑞士再保險總部大樓
The Gherkin P34
ALDGATE
Braham St.
Alie St.
Prim. Sch.
West Tenter St.
Mansell St.

銀行之英格蘭銀行博物館
Bank of England Museum
Lothbury
英格蘭銀行
Bank of England
皇家交易所
Royal Exchange
Threadneedle St.
St-Peter Ch.
Loyd's of London
Mitre St.
St-Botolph
Leadenhall St.
Jewry St.
Minories
Portsoken St.

Bread Street Kitchen P69
St-Mary le Bow Church
Mansion House
銀行
BANK
King William St.
Lombard St.
St-Edmund the King Ch.
Leadenhall Market
Lime St.
芬黃奇街
Fenchurch St.
Lloyd's Ave.
芬喬奇街站
FENCHURCHSTREET STN.

加農街
CANNON STREET
Cloak La.
Gracechurch St.
DOCKLANDS LIGHT RAILWAY
船塢輕軌鐵路
St-Clement Ch.
環形線
Eastcheap
St-Olave's Ch.
St-Margaret Pattens Ch.
TOWER GATEWAY

MANSION HOUSE
加農街站
CANNON STREET STN.
Cousin La.
Upper Thames St.
NORTHAN LINE
紀念碑
MONUMENT
CIRCLE LINE
Great Tower St.
Idol La.
塔丘
TOWER HILL
Trinity Sq.
Tower Hill

Southwark Bridge
Swan La.
倫敦大火紀念塔
The Monument
Lower Thames St.
Lower Thames St.
Cross Ln.
All Hallows
世界貿易中心
World Trade Centre

Swan Lane Pier
Martyr's Ch.
海關局
Custom House
Old Billingsgate Market
舊景觀
珠寶屋
白塔
White Tower
聖約翰藏拜堂
St-Katharine's Docks

H.F.G.
Financial Times
Shangri-La Hotel
The Shard London P116
London Bridge Pier
London Bridge City Pier
倫敦塔千禧碼頭
Tower Millennium Pier
倫敦塔 P34
Tower of London
Tower Shop P35
The Aquarium
The Tower

The Anchor P100
夏德塔觀景台 P34, 44
The View from The Shard
Southwark Cathedral
London Bridge Hospital
HMS貝爾法斯特號 P109
HMS Belfast
P34 倫敦塔橋
Tower Bridge
St-Katharine Pier

The Globe Pub
倫敦橋
LONDON BRIDGE
夏德塔
The Shard
Tooley St.
Hays Galleria
Southwark Crown Court
倫敦市政廳 P34
City Hall
P109 巴特勒茲碼頭
Butler's Wharf

P95 布莉琪住的公寓
Bridget's Flat
Paul Smith
St-Thomas St.
倫敦橋站
LONDON BRIDGE STN.
Butler's Wharf Pier

Guy's Hospital
George Inn P72
Most Precious Blood Ch.
Union St.
波若市集 P109
Borough Market
Newcomen St.
Great Maze Pn.
Tooley St.
Crucifix Ln.
Barnham St.
Stand St.
South London College
Tower Bridge Rd.
P31 設計博物館
Design Museum

Redcross Way
Borough High St.
波若蘭街
Long Lane
Mellor St.

波若
BOROUGH

	14-15	16-17
4-5	6-7	8-9
10-11	12-13	

N
0   200m
周邊圖請參照P2

切爾西～騎士橋周邊

肯辛頓花園 P86
Kensington Gardens

亞伯特紀念碑
Albert Memorial

Holland St.

消防局

Atticus

St.Mary Abbots Ch.

NatWest

Palace Gate

Queens Gate

肯辛頓路

Drayson Mews

Whole Foods Market P63

Barkers Arcade

皇家藝術院
Royal College of Art

國際館
Library

French Connection

肯辛頓高街
HIGH STREET KENSINGTON

肯辛頓廣場
Kensington Sq.

肯辛頓
KENSINGTON

De Vere Gardens

Palace Gate

Canning Pl.

皇家音樂院
Royal College of Music

Prince Consort Rd.

王子
Pri

肯辛頓高街
Kensington
High St.

Christian Science Ch.

Apostolic Ch.

Victoria Rd.

Launceston Pl.

Victoria Grove

Queen's Gate Terrace

Imperial College of Science Technology

Exhibition Rd.

United
Reform Ch.

Alfred St.

Stanford Rd.

Eldon Rd.

Christ Ch.

Elvaston Pl.

Queen's Gate

Imperial College Rd.

Papaya Tree P76

Abingdon Rd.

St.Mary Abbots Hospital

Kynance Mews

Queen's Gate Pl.

P30 自然史博物館
Natural History Museum

Cromwe

Stratford Rd.

Coptic Ch.

康沃爾花園
Cornwall Gardens

Gloucester Rd.

Queen's Gate
Gardens

克倫威爾路

法國領事館

St.Philip's Ch.

Lexham Gardens

Marloes Rd.

DISTRICT LINE

CIRCLE LINE

Queensberry Pl.

Cromwell Hospital

Ashburn

Waitrose P63

格洛斯特路
GLOUCESTER ROAD

南肯辛頓
SOUTH KENSINGTON

Cromwell Rd.

P116 Holiday Inn London
Kensington Forum

Ch.of St-Augustine

P18-19

Longridge Rd.

Nevern Pl.

Courtfield

皮卡迪利線
PICCADILLY

Hereford Sq.

Cranley Pl.

Onslo

Templeton Pl.

Earls Court Rd.

K+K喬治酒店 P116
K+K Hotel George

Rosary Gardens

Eagle Pl.

Old Brompton Rd.

萬布朗普頓路
Old Brompton Rd.

Mayflower Hotel

伯爵宮
EARL'S COURT

Hesper Mews

Bramham Gardens

Drayton Gardens

Roland Gardens

南肯辛頓
SOUTH KENSINGTON

Warwick Rd.

Penywern Rd.

Bolton Gardens

圖書館
Library

Creswell Pl.

St.Peter's Ch.

切爾西
Chelsea

伯爵宮廣場
Earl's Court Sq.

Old Brompton Rd.

St.Mary the Boltons Ch.

The Boltons

Elm Park Gardens

伯爵宮展示館
Earl's Court Exhibition Building

Redcliff Gardens

The Little Boltons

Tregunter Rd.

Gilston Rd.

Elm Park Rd.

Beaufort St.

西布朗普頓站
WEST BROMPTON

Coleherne Rd.

St.Luke's Ch.

Harcourt Terrace

Cathcart Rd.

西布朗普頓
WEST BROMPTON

Seagrave Rd.

Finsborough Rd.

布朗普頓公墓
Brompton Cemetery

P105 The Shop at Bluebird

King's Rd.

Ifield Rd.

Fulham Rd.

P104 The Chelsea Teapot

Edith Grove

Worlds End P105

Farm Ln.

King's Rd.

P105 Cabbages & Roses

區域
Navi

徒步走在許多商店座落的國王大道（C3）上，比想像中來得累人。
不妨有效率地運用巴士（11、19、22路等）保留體力。

Kensington Rd.

Neville St.

Harvey Nichols P61

Russian
Orthodox Ch.

騎士橋
KNIGHTSBRIDGE

騎士橋
KNIGHTSBRIDGE

Sterling St.

Lloyds

Basil St.

Harriet St.

Harriet St.

斯隆街
Harriet Walk

Ennismore
Gardens

Brompton Rd.

布朗普頓廣場
Brompton Sq.

Cottage Pl.

Brompton Ch.
布朗普頓聖堂
Brompton Oratory Ch.

維多利亞與亞伯特博物館 P28
Victoria and Albert Museum

Egerton
Garden

urloe Sq.

South Terrace

Pelham Pl.

Michelin House

Pelham Crescent

al Marsden Hospital

ham Rd.

Pond Pl.

Ixworth St.

Cale St.

Markham Sq.

Sidney St.

Dri Dri P83

The Chelsea Gardener P87

切爾西農夫市集
Chelsea Farmers Market

切爾西
美術學校

yle Sq.

Manresa Rd.

消防局

The Cadogan Arms P73

Oakley St.

卡萊爾故居
Carlyle's House

Battersea
Bridge

前尼路 P104
Cheyne Walk

Cottage Pl.

PICCADILLY LINE

布朗普頓路

皮卡迪里車站

Walton St.

Hans Pl.

Hans St.

Pont St.

布朗普頓
BROMPTON

Lennox Gardens

Cadogan Sq.

Ovington St.

Walton St.

First St.

Hasker St.

Milner St.

Moore St.

Halsey St.

St.Simon
Zelotes Ch.

環形線 CIRCLE LINE

區域線 DISTRICT LINE

St-Mary's Ch.

Draycott Pl.

Draycott Ave.

斯隆廣場
Sloane Sq.

Peter Jones

P49 Whistles

Sloane Ave.

Elystan Pl.

Walpole St.

Wellington Sq.

Smith St.

Antiquarius

切爾西舊市政廳
Chelsea Old Town Hall

Redesdale St.

切爾西
CHELSEA

Chelsea Manor St.

Hood St.

Christchurch St.

國立陸軍博物館
National Army Museum

王爾德故居 P104
Oscar Wilde's House

切爾西藥草園 P87
Chelsea Physic Garden

亞伯特橋
Albert Bridge

白金漢宮花園
Buckingham
Palace Gardens

Grosvenor Crescent

Halkin St.

Chapel St.

Grosvenor Pl.

貝爾格維亞廣場
Belgrave Sq.

貝爾格維亞
BELGRAVIA

St.Peter's Ch.

Upper Belgrave St.

Wilton St.

Belgrave Pl.

Motcomb St.

Lowndes St.

Cadogan Pl.

Cadogan Ln.

Chesham Pl.

Lowndes St.

Eaton Pl.

Lyall St.

Eaton St.

Eccleston St.

Ebury St.

國王大道
KING'S RD.

Cadogan Pl.

Sloane St.

Eaton Pl.

St.Michael's Ch.

St.Elizabeth's Ch.

P105 Philip Treacy

斯隆廣場
SLOANE SQUARE

Eaton
Terrace

Lower Sloane St.

Bourne St.

St.Mary Ch.

Holbein Pl.

Plimlico Rd.

St.Barnabas Ch.

薩奇藝廊 P104
Saatchi Gallery

約克公爵總部
Duke of York's H.Q.

Franklin's Row

Burton's Court

Royal Hospital Rd.

Chelsea Bridge Rd.

切爾西皇家醫院
Royal Hospital Chelsea

蘭尼拉花園
(切爾西花展會場)
Ranelagh Gardens

Ebury Bridge Rd.

Chelsea Bridge Rd.

切爾西橋
Chelsea Bridge

N

泰晤士河 River Thames

巴特希公園
Battersea Park

0   200m

周邊圖請參照P2

	14-15	16-17
4-5	6-7	8-9
10-11	12-13	

西敏區周邊

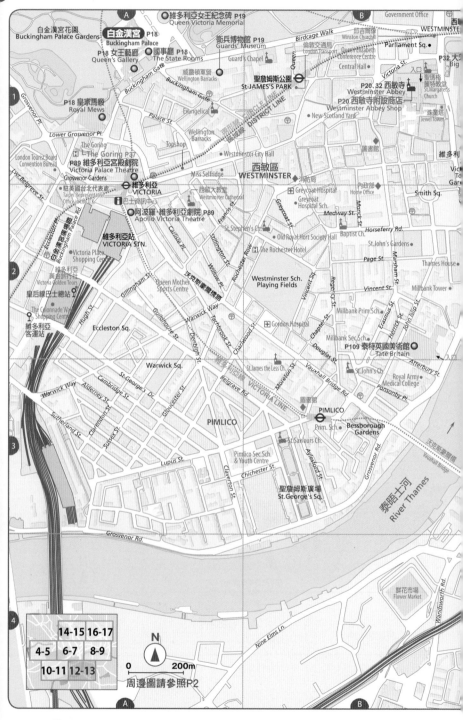

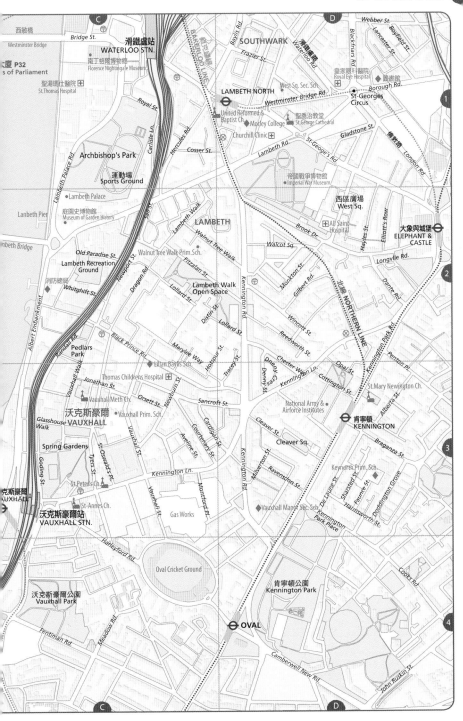

C　Bridge St.　西敏橋
Westminster Bridge

滑鐵盧站
WATERLOO STN.
南丁格爾博物館
Florence Nightingale Museum

大廈 P32
s of Parliament
聖湯瑪仕醫院
St.Thomas Hospital

SOUTHWARK
滑鐵盧路
Waterloo Rd.

Webber St.
Boyfield St.
Lancaster St.

Frazier St.

West Sq. Sec. Sch.
West Sq.

Blackfriars Rd.

皇家眼科醫院
Royal Eye Hospital

圖書館

LAMBETH NORTH

Westminster Bridge Rd.

United Reformed &
Baptist Ch.

Motley College

聖喬治教堂
St.George Cathedral

Churchill Clinic

Lambeth Rd.

St-Georges
Circus

St-George's Rd.

Gladstone St.

Borough Rd.

London Rd.

佛教寺

大象與城堡
ELEPHANT &
CASTLE

1

Royal St.

Carlisle Ln.

Hercules Rd.

Cosser St.

帝國戰爭博物館
Imperial War Museum

西區廣場
West Sq.

Brook Dr.

All Saint
Hospital

Hayles St.

Elliott's Row

Dante Rd.

Archbishop's Park

運動場
Sports Ground

Lambeth Palace

Lambeth Pier

庭園史博物館
Museum of Garden History

Lanbeth Pier

Lambeth Bridge

Albert Embankment

Lambeth Walk

LAMBETH

Walnut Tree Walk

Walcot Sq.

Longville Rd.

2

Old Paradise St.

Lambeth Recreation
Ground

消防總部
Whitgift St.

Walnut Tree Walk Prim. Sch.

Newport St.

Dragon Rd.

Fitzalan St.

Lollard St.

Lambeth Walk
Open Space

Kennington Rd.

District Rd.

Lollard St.

Monkton St.

Gilbert Rd.

Wincott St.

Reedworth St.

Chester Way

NORTHERN LINE
北線

Penton Pl.

Kennington Park Rd.

Pedlars
Park

Randall Rd.

Black Prince Rd.

Vauxhall Walk

Thomas Childrens Hospital

Lilian Baylis Sch.

Marylee Way

Hotspur St.

Tracey St.

Denny St.

Orsett St.

Denny St.

Kennington Ln.

Cottington St.

Opal St.

St.Mary Newington Ch.

Alberta St.

肯寧頓
KENNINGTON

3

Jonathan St.

沃克斯豪爾
VAUXHALL

Vauxhall/Meth Ch.

Vauxhall Prim. Sch.

Sancroft St.

National Army &
Airforce Institutes

Braganza St.

Glasshouse
Walk

Spring Gardens

St. Oswald's Pl.

Tyers St.

Vauxhall St.

Kennington Ln.

Cardigan St.

Courtenay St.

Aveline St.

Montford Pl.

Kennington Rd.

Cleaver St.

Cleaver Sq.

Milverton St.

Ravensdon St.

De Laune St.

Sharsted St.

Keynorth Prim. Sch.

Faunce St.

Harmsworth St.

Doddington Grove

Cooks Rd.

沃克斯豪爾
VAUXHALL

St.Peters Ch.

St-Annes Ch.

沃克斯豪爾站
VAUXHALL STN.

Goding St.

Gas Works

Vauxhall Manor Sec. Sch

Kennington
Park Place

4

Harleyford Rd.

沃克斯豪爾公園
Vauxhall Park

Meadow Rd.

Oval Cricket Ground

肯寧頓公園
Kennington Park

OVAL

John Ruskin St.

Fentiman Rd.

C

Camberwell New Rd.

D

櫻草丘～肯頓鎮周邊

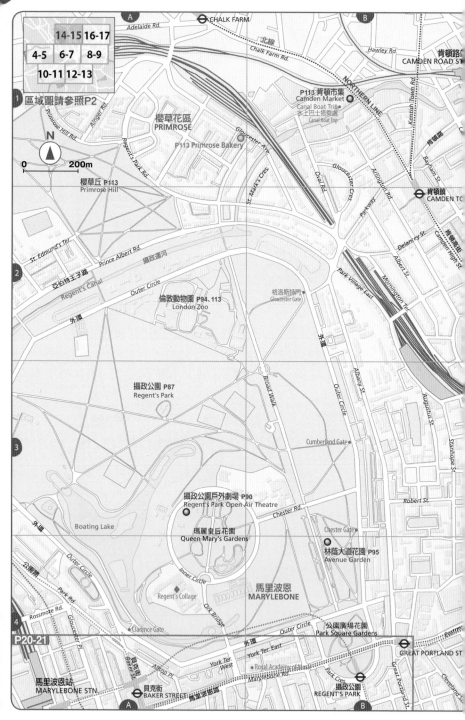

	14-15	16-17
4-5	6-7	8-9
10-11	12-13	

區域圖請參照P2

N

0 — 200m

CHALK FARM
Adelaide Rd.
北線
Chalk Farm Rd.
Hawley Rd.
肯頓路
CAMDEN ROAD ST
NORTHERN LINE
Kentish Town Rd.
肯頓路

P113 肯頓市集
Camden Market
Canal Boat Trip
水上巴士搭乘處
Canal Boat Trip

櫻草花區
PRIMROSE
P113 Primrose Bakery

Gloucester Ave.
St. Mark's Cres.
Gloucester Cres.
Oval Rd.
Arlington Rd.
Barham St.

肯頓鎮
CAMDEN TC

Primrose Hill Rd.
Elsworthy Rd.
Regent's Park Rd.

櫻草丘 P113
Primrose Hill

Parkway
Delancey St.
Camden High St.

St. Edmund's Ter.
Prince Albert Rd.
攝政運河
亞伯特王子路
Regent's Canal
Outer Circle
外環

Park Village East
Albert St.
Mornington Ter.

倫敦動物園 P94, 113
London Zoo

格洛斯特門
Gloucester Gate

外環
Albany St.
Augustus St.

攝政公園 P87
Regent's Park

Broad Walk
Outer Circle

Cumberland Gate

Stanhope St.

攝政公園戶外劇場 P90
Regent's Park Open Air Theatre

Chester Rd.
Robert St.

Boating Lake
外環

瑪麗皇后花園
Queen Mary's Gardens

Chester Gate

林蔭大道花園 P95
Avenue Garden

Outer Circle
公園路
Park Rd.
Gloucester Pl.

Regent's Collage

Inner Circle
Ork Bridge

馬里波恩
MARYLEBONE

Rossmote Rd.

Clarence Gate

Outer Circle
外環

公園廣場花園
Park Square Gardens

GREAT PORTLAND ST

P20-21

York Ter. West
York Ter. East
貝克街
Baker St.
馬里波恩路

馬里波恩站
MARYLEBONE STN

BAKER STREET
Alfop Pl.
Royal Academy of Music
Marylebone Rd.
Park Cres.
攝政公園
REGENT'S PARK

Great Portland St.
Cleveland St.

區域
Navi

櫻草花區（A1）為高級住宅區，緊鄰著肯頓市集（→本書P113），合在一起逛會比較有效率。
建議以Ⓤ CHALK FARM站（A1）為起點，在櫻草花區散步之後，再去肯頓市集買東西。

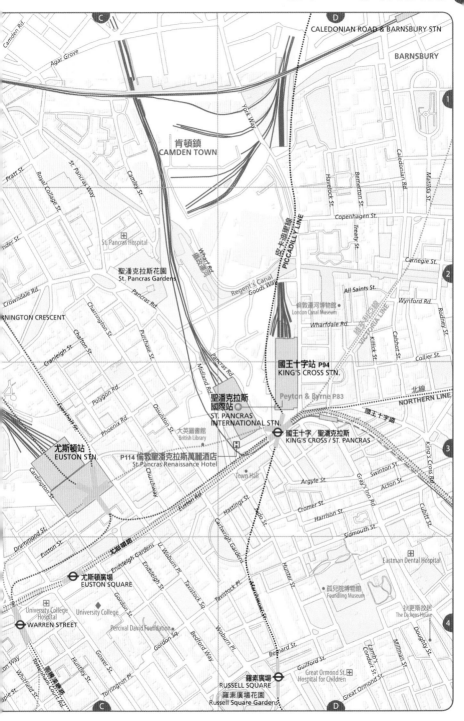

Camden Rd.
Agar Grove
CALEDONIAN ROAD & BARNSBURY STN
BARNSBURY

York Way

肯頓鎮
CAMDEN TOWN

Pratt St.
Royal College St.
St. Pancras Way
Camley St.

St. Pancras Hospital

Havelock St.
Bemerton St.
Caledonian Rd.
Matilda St.

Copenhagen St.
Treaty St.

Carnegie St.

聖潘克拉斯花園
St. Pancras Gardens

Pancras Rd.

Regent's Canal
Goods Way

All Saints St.

Wynford Rd.
Rodney St.

皮卡迪利線
PICCADILLY LINE

維多利亞線
VICTORIA LINE

倫敦運河博物館
London Canal Museum

Wharfdale Rd.

Killick St.

Collier St.

CROWNDALE RD.
Cranleigh St.
Charrington St.
Charlton St.
Oakley Sq.
Purchese St.
Pancras Rd.
Midland Rd.

國王十字站 P94
KING'S CROSS STN.

Peyton & Byrne P83

北線
NORTHERN LINE
國王十字路

Polygon Rd.
Phoenix Rd.
Ossulston St.

聖潘克拉斯
國際站
ST. PANCRAS
INTERNATIONAL STN

King's Cross Rd.

尤斯頓站
EUSTON STN.

大英圖書館
British Library

P114 倫敦聖潘克拉斯萬麗酒店
St. Pancras Renaissance Hotel

國王十字 聖潘克拉斯
KING'S CROSS / ST. PANCRAS

Cardington St.

Town Hall

Argyle St.
Swinton St.
Acton St.

Euston Rd.

Churchway

Cromer St.
Gray's Inn Rd.
Cubitt St.

Hastings St.
Judd St.
Harrison St.

Sidmouth St.

尤斯頓路

Drummond St.
Euston St.

Endsleigh Gardens

尤斯頓廣場
EUSTON SQUARE

U. Woburn Pl.
Tavistock Sq.
Endsleigh St.
Gordon St.

Hunter St.
Eastman Dental Hospital

孤兒院博物館
Foundling Museum

狄更斯故居
The Dickens House

University College
Hospital
University College

WARREN STREET

Percival David Foundation

Gordon Sq.
Woburn Pl.
Bedford Way

Tavistock Pl.
Marchmont St.
Mecklenburgh Sq.

Doughty St.
Lamb's Conduit St.
Millman St.

Huntley St.
Gower St.
Torrington Pl.
Tottenham Court Rd.

羅素廣場
RUSSELL SQUARE

羅素廣場花園
Russell Square Gardens

Guilford St.

Great Ormond St.
Hospital for Children

Great Ormond St.

Bernard St.

14-15 16-17
4-5 6-7 8-9
10-11 12-13

區域圖請參照P2

N

0 200m

Barnard Park

Hemingford Rd.
Liverpool Rd.
Barnsbury St.
Copenhagen St.
Cloudesley Rd.
Cloudesley Pl.
Rodney St.
Penton St.
Theberton St.
Liverpool Rd.

Ottolengi

P41 After Noah
伊斯靈頓
ISLINGTON

Ray Stitch P53

艾塞克斯路站
ESSEX ROAD STN.

Halliford St.
Rotherfield St.
New North Rd.
新北路
Canonbury Rd.
Halton Rd.
Essex Rd.
Britannia Row
Packington St.
Prebend St.
St. Paul St.
Colebrook Row
Arlington Ave.
Packington Sq.
Coleman Fields

上街 P112
P82 Paul A Youg
P59 肯頓走廊
Camden Passage
Upper St.
P53 Loop
Duncan St.

Colebrooke Row
Peters St.
Danbury St.
Gerrard Rd.
Noel Rd.

The Duke of Cambridge P74

Eagle Wharf Rd.
Shepherdess Walk
Wenlock Rd.
Wharf Rd.

天使站
ANGEL

Ella St.

Tolpuddle St.
Chapel Market
Baron St.
White Lion St.
Donegal St.

Police Sta.

Pentonville Rd.

City Road Basin
Graham St.
Micawber St.
City Rd.
Wenlo

Amwell St.
Myddelton Sq.
P91 沙德勒之井劇院
Sadler's Wells Theatre
FINSBURY

Gr. Percy St.
Lloyd Baker St.
Wharton St.
Margery St.

聖約翰街大道
St. John St.
Spencer St.
Myddelton St.

Goswell Rd.
Moreland St.
Central St.
城市路
北線 NORTHERN LINE

Dingley Rd.
Lever St.
Ironmonger Row
Radnor St.

國王廣場花園
King's Square Gardens

Caravan P112
Exmouth Market
Moro P112
Morito P77

Skinner St.
Perceval St.
Compton St.
Seward St.
Bastwick St.
Mitchell St.
老街 Old
Bank
Whitecross St.
Golden Lane

克勒肯維爾
CLERKENWELL
Catthorpe St.
Gough St.
Phoenix Pl.
Rosebery Ave.
The Eagle P112
Warner St.

法靈頓路
Farringdon Rd.
Bowling Green Ln.
Clerkenwell Close

聖約翰街
Berry St.

The Modern Pantry P68

St. John St.
Clerkenwell Rd.
St. John's Sq.
克勒肯維爾路
聖約翰門博物館
Museum St. John's Gate
Medical Collage of
St. Bartholomews Hospital
Duffe
Goswell Rd.

Clerkenwell Rd.
克勒肯維爾環路

The Zetter Townhouse P114

區域
Navi
欲前往餐廳聚集的克勒肯維爾（A4）搭乘巴士較為方便。
與市中心的皮卡迪里圓環相接的19路和38路巴士的班次也很多。

騎士橋

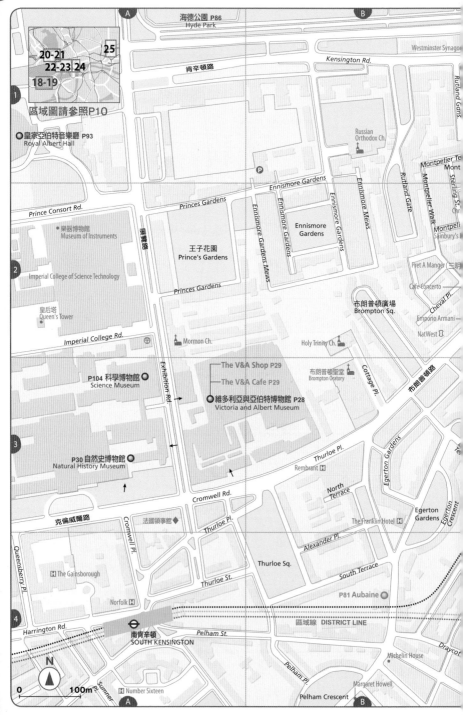

海德公園 P86
Hyde Park

Westminster Synagoc

肯辛頓路
Kensington Rd.

Rutland Gdns

20-21
22-23 24
18-19
25

區域圖請參照P10

皇家亞伯特音樂廳 P93
Royal Albert Hall

Russian
Orthodox Ch

Montpelier Te
Mont

Prince Consort Rd.

Princes Gardens

Ennismore Gardens

Ennismore Gardens

Ennismore Mews

Rutland Gate

Montpelier Sr

Sterling St

Chr

Montpeli

Sainbury's

樂器博物館
Museum of Instruments

展覽路

王子花園
Prince's Gardens

Ennismore Gardens Mews

Ennismore Gardens

Ennismore
Gardens

Pret A Manger (三明

Imperial College of Science Technology

Café Concerto

布朗普頓廣場
Brompton Sq.

Cheval Pl.

皇后塔
Queen's Tower

Princes Gardens

Emporio Armani

NatWest

Imperial College Rd.

Mormon Ch.

Holy Trinity Ch.

Cottage Pl.

布朗普頓路

The V&A Shop P29

The V&A Cafe P29

P104 科學博物館
Science Museum

Exhibition Rd.

維多利亞與亞伯特博物館 P28
Victoria and Albert Museum

布朗普頓聖堂
Brompton Oratory

Thurloe Pl.

Egerton Gardens

P30 自然史博物館
Natural History Museum

Rembrant

North
Terrace

Egerton
Gardens

Egerton Crescent

Cromwell Rd.

克倫威爾路

Cromwell Pl.

法國領事館

Thurloe Pl.

The Franklin Hotel

Queensberry Pl.

The Gainsborough

Alexander Pl.

South Terrace

Thurloe Sq.

Norfolk

Thurloe St.

P81 Aubaine

區域線 DISTRICT LINE

Harrington Rd.

南肯辛頓
SOUTH KENSINGTON

Pelham St.

Draycot

N

Michelin House

0   100m

Pelham Pl.

Number Sixteen

Margaret Howell

Pelham Crescent

區域 Navi

ⓊSOUTH KENSINGTON站(A4)到自然史博物館、維多利亞與亞伯特博物館(A3)之間有地下道相通，
因此就算下雨天前往也幾乎都不會淋濕。

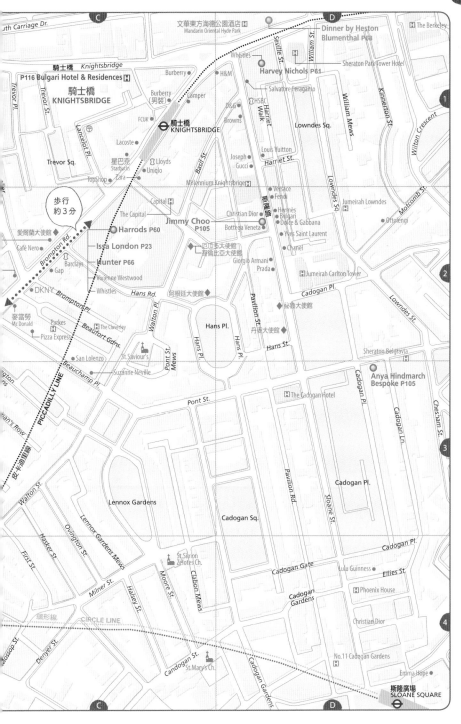

South Carriage Dr.

C

D

The Berkeley

文華東方海德公園酒店
Mandarin Oriental Hyde Park

Dinner by Heston
Blumenthal P68

Whistles

Seville St.

William St.

騎士橋　Knightsbridge

Burberry

H&M

Harvey Nichols P81

Sheraton Park Tower Hotel

P116 Bulgari Hotel & Residences

騎士橋
KNIGHTSBRIDGE

Trevor Pl.

Trevor St.

Lancelot Pl.

Burberry
(男裝)

Camper

Salvatore Feragamo

William Mews

Kinnerton St.

Wilton Crescent

1

FCUK

騎士橋
KNIGHTSBRIDGE

D&G

HSBC

Harriet
Walk

Lowndes Sq.

Browns

Trevor Sq.

Lacoste

星巴克
Starbucks

Lloyds

Joseph

Louis Vuitton

Harriet St.

TopShop

Zara

Uniqlo

Gucci

Basil St.

Millennium Knightsbridge

Lowndes Sq.

Motcomb St.

歩行
約3分

Capital

The Capital

Jimmy Choo
P105

Christian Dior

斯隆街

Versace

Fendi

Hermès

Bvlgari

Dolce & Gabbana

Jumeirah Lowndes

Ottolenghi

愛爾蘭大使館

Café Nero

Harrods P60

Issa London P23

Barclays

Hunter P66

Gap

Vivienne Westwood

Brompton Rd.

Bottega Veneta

厄瓜多大使館
哥倫比亞大使館

Giorgio Armani

Prada

Yves Saint Laurent

Chanel

Jumeirah Carlton Tower

Lowndes St.

2

DKNY

Brompton Pl.

Whistles

Hans Rd.

阿根廷大使館

丹麥大使館

Pavilion St.

Cadogan Pl.

秘魯大使館

Sheraton Belgravia

麥當勞
Mc Donald

Parkes

Pizza Express

Beaufort Gdns.

The Cloverley

Hans Pl.

Hans Pl.

Hans St.

Anya Hindmarch
Bespoke P105

Cadogan Pl.

Chesham St.

San Lorenzo

St. Saviour's

Suzanne Neville

Beauchamp Pl.

Pont St.
Mews

Pont St.

Hans Pl.

Hans Pl.

The Cadogan Hotel

Cadogan Pl.

Cadogan Ln.

PICCADILLY LINE

皮卡迪里線

Pavilion Rd.

Sloane St.

Cadogan Pl.

3

Lennox Gardens

Lennox Gardens Mews

Cadogan Sq.

Cadogan Pl.

Walton St.

First St.

Hasker St.

Ovington St.

Milner St.

Halsey St.

Moore St.

St. Simon
Zelotes Ch.

Cabon Mews

Cadogan Gate

Lulu Guinness

Phoenix House

Ellies St.

Christian Dior

環形線

CIRCLE LINE

Cadogan
Gardens

4

Mossop St.

Denyer St.

Candogan St.

St. Mary's Ch.

Cadogan Gardens

No.11 Cadogan Gardens

Emma Hope

斯隆廣場
SLOANE SQUARE

C

D

馬里波恩

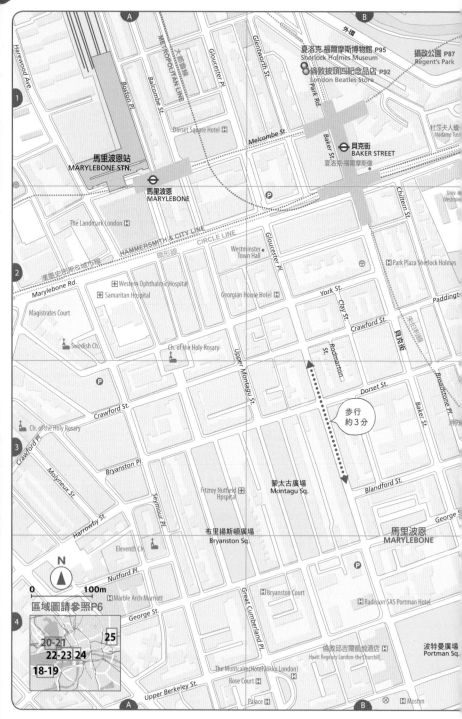

夏洛克·福爾摩斯博物館 P95
Sherlock Holmes Museum

倫敦披頭四紀念品店 P92
London Beatles Store

攝政公園 P87
Regent's Park

貝克街
BAKER STREET

夏洛克·福爾摩斯像

杜莎夫人蠟
Madame Tuss

馬里波恩站
MARYLEBONE STN.

馬里波恩
MARYLEBONE

The Landmark London

Univ. of
Westmin

Westminster
Town Hall

Park Plaza Sherlock Holmes

HAMMERSMITH & CITY LINE

CIRCLE LINE

環形線

漢墨史密斯&城市線

Marylebone Rd.

Western Ophthalmic Hospital

Samaritan Hospital

Georgian House Hotel

York St.

Clay St.

Paddingt

Magistrates Court

Crawford St.

Swedish Ch.

Ch. of the Holy Rosary

Radnarton St.

Dorset St.

Baker St.

Broadstone Pl.

步行
約3分

Ch. of the Holy Rosary

Crawford Pl.

Molyneux St.

Crawford St.

Bryanston Pl.

Upper Montagu St.

Seymour Pl.

Fitzroy Nuffield
Hpspital

蒙太古廣場
Montagu Sq.

Blandford St.

Harrowby St.

布里揚斯頓廣場
Bryanston Sq.

Eleventh Ch.

馬里波恩
MARYLEBONE

George

Nutford Pl.

N

0   100m

區域圖請參照P6

區域圖請參照P6

20-21
22-23 24
18-19

25

Marble Arch Marriott

George St.

Great Cumberland Pl.

Bryanston Court

Radisson SAS Portman Hotel

波特曼廣場
Portman Sq.

The Montcalm (Hotel Nikko London)

Rose Court

倫敦邸吉爾酒凱悅酒店
Hyatt Regency London-the Churchill

Upper Berkeley St.

Palace

Mostyn

區域
Navi
ⓤBAKER STREET站(B1)是和夏洛克·福爾摩斯有關的車站。
除了車站內到處都可以看到他的影子之外,馬里波恩路上也有福爾摩斯像。

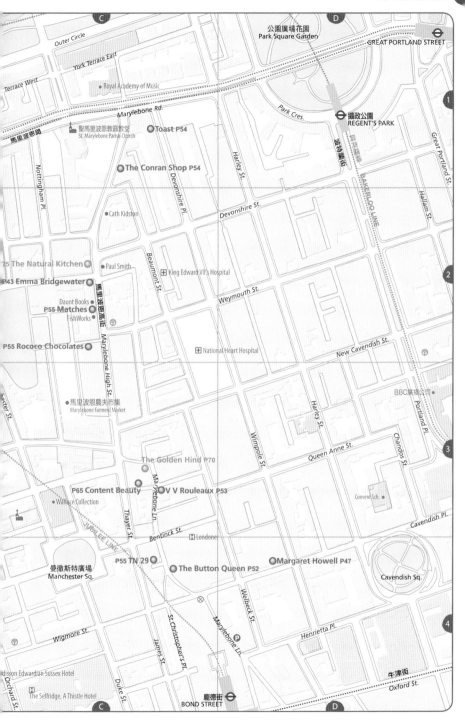

梅菲爾～蘇活區

Holles St. / P49 Topshop / Miss Selfridge P49 / HSBC / CENTRAL LI

Henrietta Pl. / P61 John Lewis / Levis / Zara / Gap

St. Peter's Ch. / Miss Selfridge / House of Fraser / Oxford St. / H&M / Benetton / Ramillie

Marylebone Ln. / Oxford St. / 麥當勞 / 牛津圓環 OXFORD CIRCUS / London Palladia

Radisson Edwardian / The Berkshire / Debenhams / Princes St. / NatWest / Aylord St.

牛津街 / Apple Store / P66 London Undercover

H&M / Zara / 龐德街 BOND STREET / Woodstock St. / Hanover Sq. / P103 Molton Brown / 日本航空 / P123 MyBus中心 / P42.61 Liberty

P103 Browns / South Molton St. / Postcard Teas P38 / 新龐德街 P102 / Hanover St.

Halcyon Days P22 / St. George St. / P103 The East India Company / Gap / Mother

Brook St. / Bally / D&G / 聖喬治教堂 St. George's Ch. / P103 Sketch the Parlor

Paul Smith Sale Shop / Miu Miu / New Bond St. / Conduit St. / Vivienne Westwood P48

Avery Row / 星巴克 / Claridge's / Brook's Mews / L'occitan / God

余街德街 / Grosvenor St. / P103 Sotheby's Cafe / Smythson P51

Grosvenor Sq. / Vivienne Westwood / Grosvenor Hill / Sotheby's / 步行約3分 / Nicole Farhi P103 / The Westbury Hotel

JUBILEE LINE / Bourdon Pl. / Hermes / Burberry / Clifford St. / Savile Row P102

Carlos Pl. / Davies St. / Bruton Pl. / Louis Vuitton / Cork St. / Gieves & H

Mount Row / Bourdon St. / P23 Temperley London / 梅費爾 MAYFAIR

Espelette P37 / The Connaught / Bruton St. / Bvlgari / Cartier / Polo Ralph Lauren

Mount St. / 柏克萊廣場 Berkeley Sq. / Tiffany&co. / Chanel / P22 Penhaligo

Mackintosh P46 / Farm St. / Berkeley Sq. / P83 Charbonnel et Walker / 舊龐德街 / Burling

Ch. of Immaculate Conception / Brown's Hotel / P36 The English Tea Room / Old Bond St.

Hill St. / P75 Rose Bakery / P102 皇家拱廊 The Royal Arcade / Yves Saint Laurent

Waverton St. / The Mayfair Inter-Continental London / Gucci

Hay's Mews / P103 Acne Studios / Berkeley St. / P48 Alexande McQuee

0 100m / Sainsbury's / Holiday Inn London Mayfair

N / 區域圖請參照P6 / Charles St. / VICTORIA LINE

Washington / Bolton St.

20-21 / 25 / 22-23 / 24 / 18-19 / Curzon St. / Clarges St. / 皇后公園 GREEN PARK / 倫敦麗思酒店 The Ritz London

Half Moon St. / Piccadilly / PICCADILLY LINE / 皮卡迪里線

倫敦綠色公園希爾頓酒店 / Hilton London Green Park

22   區域 Navi   蘇活區與梅菲爾並沒有明顯的分界，本書中簡單地劃分，攝政街（B1~2）以東為蘇活區，西側則是梅菲爾。

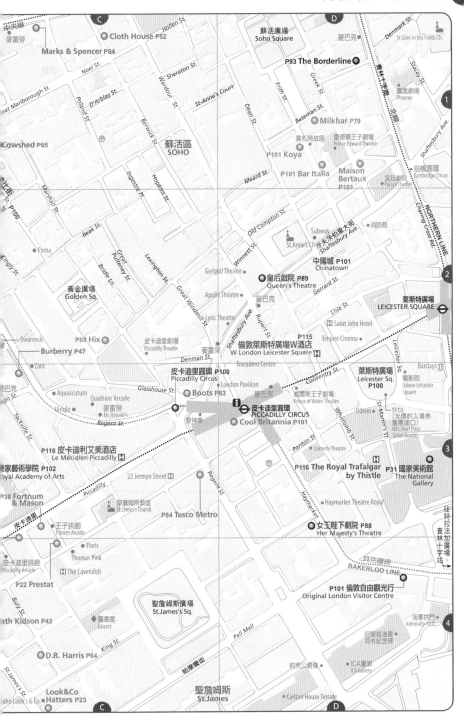

麥當勞

中央線

Marks & Spencer P84

Cloth House P52

蘇活廣場
Soho Square

星巴克

Denmark St.

St.Giles in the Fields Ch.

Hollen St.

Noel St.

Sheraton St.

Wardour St.

St-Anne's Court

P93 The Borderline

鳳凰劇場
Phoenix

Great Marlborough St.

D'Arblay St.

Poland St.

Berwick St.

Frith St.

Greek St.

Dean St.

Bateman St.

Milkbar P79

莫札特故居

愛德華王子劇場
Prince Edward Theatre

剑橋圓環
Cambridge Circus

Shaftesbury Ave.

蘇活區
SOHO

Hopkins St.

Ingestre Pl.

P101 Koya

P101 Bar Italia

Maison
Bertaux
P101

宮廷劇院
Palace Theatre

Cowshed P65

Marshall St.

Meard St.

Old Compton St.

St.Anne's Church

Subway
蘇荷大街
Shaftesbury Ave.

消防局

NORTHERN LINE Charing Cross Rd.

Beak St.

Puma

Great Pulteney St.

Lexington St.

Bridle Ln.

Great Windmill St.

Winnett St.

中國城 P101
Chinatown

黃金廣場
Golden Sq.

Gielgud Theatre

Apollo Theatre

皇后戲院 P89
Queen's Theatre

星巴克

Gerrard St.

Lisle St.

萊斯特廣場
LEICESTER SQUARE

Kingly St.

Swarovski

P69 Hix

Burberry P47

Zara

Piccadilly Theatre

皮卡迪里劇場

Lyric Theatre

Shaftesbury Ave.

Rupert St.

麥當勞

Saint John Hotel

Empire Cinema

P115

Leicester St.

倫敦萊斯特廣場W酒店
W London Leicester Square

萊斯特廣場
Leicester Sq.

Barclays

Odeon Leicester
Square

Aquascutum

Uniqlo

Quadrant Arcade
麥當勞

Glasshouse St.

McDonald's

Regent St.

皮卡迪里圓環 P100
Piccadilly Circus

Denman St.

London Pavilion

Boots P63

Trocadero Centre

Coventry St.

星巴克

威爾斯王子劇場
Prince of Wales Theatre

Panton St.

St.Martin's St.

P100

tkts
(半價的入場券
售票窗口)
tkts (Half Price
Ticket Booth)

Whitcomb St.

麥當勞

皮卡迪里圓環
PICCADILLY CIRCUS

Cool Britannia P101

Comedy Theatre

皮卡迪利艾美酒店
Le Méridien Piccadilly

P116

皇家藝術學院 P102
Royal Academy of Arts

P116 The Royal Trafalgar
by Thistle

P31 國家美術館
The National
Gallery

38 Fortnum
& Mason

22 Jermyn Street

Piccadilly

皮卡迪里

Sackville St.

王子拱廊
Princes Arcade

聖詹姆斯教堂
St.James's Church

P84 Tesco Metro

Regent St.

女王陛下劇院 P88
Her Majesty's Theatre

Haymarket Theatre Royal

Haymarket

往特拉法加廣場、
查林十字站

Floris

Thomas Pink

The Cavendish

BAKERLOO LINE

P22 Prestat

Bury St.

聖詹姆斯廣場
St.James's Sq.

圖書館
Library

P101 倫敦自由觀光行
Original London Visitor Centre

海軍拱門
Admiralty Arch

ath Kidson P42

King St.

Pall Mall

尼爾森海軍
司令紀念碑

D.R. Harris P64

St.James's St.

帕摩爾街

約克公爵像

ICA畫廊
ICA Gallery

Look&Co
Hatters P23

ohn Lobb's & Co

聖詹姆斯
St.James

Carlton House Terrace

柯芬園

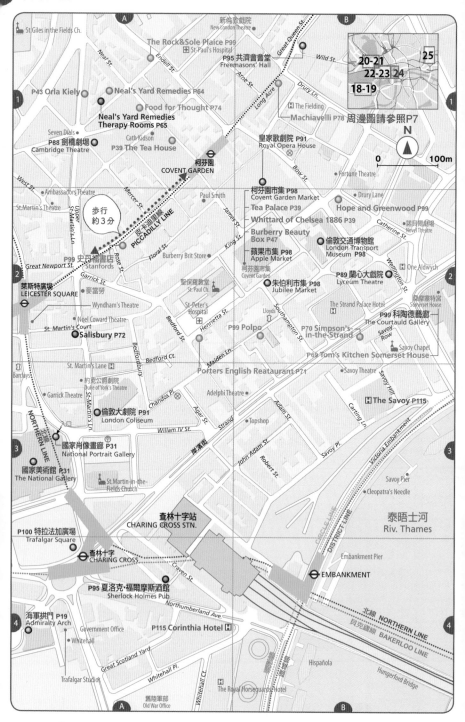

St Giles in the Fields Ch.

新倫敦戲院
New London Theatre

The Rock&Sole Plaice P99
St-Paul's Hospital

P95 共濟會會堂
Freemasons' Hall

Wild St.

20-21
22-23 24
18-19

25

P43 Orla Kiely

Neal's Yard Remedies P64

Food for Thought P74

Long Acre

Drury Ln.

The Fielding

Machiavelli P78 周邊圖請參照P7

N

Neal's Yard Remedies
Therapy Rooms P65

皇家歌劇院 P91
Royal Opera House

Box St.

0   100m

P88 劍橋劇場
Cambridge Theatre

Cath Kidson

P39 The Tea House

柯芬園
COVENT GARDEN

Fortune Theatre

West St.

Ambassadors Theatre

Mercer St.

Paul Smith

柯芬園市集 P98
Covent Garden Market

Drury Lane

St.Martin's Theatre

步行
約3分

皮卡迪里線
PICCADILLY LINE

James St.

King St.

Tea Palace P39

Whittard of Chelsea 1886 P39

Burberry Beauty
Box P47

Hope and Greenwood P99

諾貝爾劇場
Nevel Theatre

Catherine St.

Great Newport St.

P99 史丹福書店
Stanfords

Rose St.

Floral St.

Burberry Brit Store

蘋果市集 P98
Apple Market

柯芬園市集
Covent Garden

倫敦交通博物館
London Transport
Museum P98

One Aldwych

萊斯特廣場
LEICESTER SQUARE

Garrick St.

麥當勞

聖保羅教堂
St Paul Ch.

朱伯利市集 P98
Jubilee Market

P89 蘭心大戲院
Lyceum Theatre

Wellington St.

Wyndham's Theatre

Noel Coward Theatre

Bedford St.

St-Peter's
Hospital

Henrietta St.

Lloyds

Southampton St.

P99 Polpo

P70 Simpson's-
in-the-Strand

The Strand Palace Hotel

桑摩塞特宮
Somerset House

科陶德藝廊
The Courtauld Gallery

Savoy
Row

St. Martin's Lane

Salisbury P72

Bedfordbury

Bedford Ct.

Maiden Ln.

P69 Tom's Kitchen Somerset House

Savoy Chapel

Barclays

約克公爵劇院
Duke of York's Theatre

Chandos Pl.

Adelphi Theatre

Adam St.

Strand

Porters English Reataurant P71

Savoy Theatre

The Savoy P115

Garrick Theatre

St.Martin's Ln.

倫敦大劇院 P91
London Coliseum

Agar St.

Willam IV St.

Topshop

Carting Ln.

NORTHERN LINE

國家肖像畫廊 P31
National Portrait Gallery

John Adam St.

Robert St.

Savoy Pl.

Victoria Embankment

國家美術館 P31
The National Gallery

St. Martin-in-the-
Fields Church

Savoy Pier

Cleopatra's Needle

查林十字站
CHARING CROSS STN.

泰晤士河
Riv. Thames

P100 特拉法加廣場
Trafalgar Square

查林十字
CHARING CROSS

Craven St.

Embankment Pier

EMBANKMENT

北線 NORTHERN LINE

P95 夏洛克·福爾摩斯酒館
Sherlock Holmes Pub

Northumberland Ave.

貝克鐵路線
BAKERLOO LINE

海軍拱門 P19
Admiralty Arch

Government Office

Whitehall

P115 Corinthia Hotel

Hungerford Bridge

Trafalgar Studios

Great Scotland Yard

Whitehall Pl.

Hispañola

舊陸軍部
Old War Office

The Royal Horseguards Hotel

區域
Navi
COVENT GARDEN站(A1)沒有手扶梯,只有陡峭的樓梯和電梯。
由於週末人潮洶湧,不妨利用隔壁的LEICESTER SQUARE站(A2)或CHARING CROSS站(A4)。

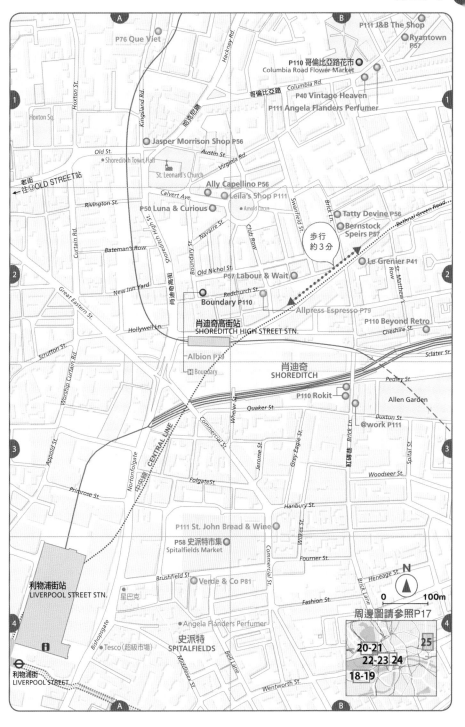

P111 J&B The Shop

Ryantown
P57

P76 Que Viet

P110 哥倫比亞路花市
Columbia Road Flower Market

P40 Vintage Heaven

P111 Angela Flanders Perfumer

哥倫比亞路 Columbia Rd.

A

B

Hackney Rd.

Kingsland Rd.

哈克尼路

Hoxton St.

Hoxton Sq.

1

Jasper Morrison Shop P56

Old St.

Shoreditch Town Hall

老街
←往◎OLD STREET站

Austin St.

Virginia Rd.

St. Leonard's Church

Ally Capellino P56

Leila's Shop P111

Calvert Ave.

Rivington St.

P50 Luna & Curious

Arnold Circus

Navarre St.

Club Row

Tatty Devine P56

Brick Ln.

Bernstock
Speirs P57

Bethnal Green Road...

Swanfield St.

步行
約3分

Curtain Rd. 克頓路

Shoreditch High St. 肖迪奇高街

Bateman's Row

Boundary St.

Old Nichol St.

Le Grenier P41

St. Matthew's Row

2

New Inn Yard

P57 Labour & Wait

Great Eastern St.

Redchurch St.

Boundary P110

Allpress Espresso P79

Hollywell Ln.

肖迪奇高街站
SHOREDITCH HIGH STREET STN.

P110 Beyond Retro

Cheshire St.

Scrutton St.

Albion P79

Boundary

肖迪奇
SHOREDITCH

Sclater St.

Worship Curtain Rd.

CENTRAL LINE

中央線

Wheler St.

Commercial St.

P110 Rokit

Pedley St.

Allen Garden

Buxton St.

@work P111

Brick Ln. 紅磚巷

Spital St.

3

Appold St.

Nortonfolgate

Quaker St.

Jerome St.

Grey Eagle St.

Woodseer St.

Primrose St.

Folgate St.

Hanbury St.

Wilkes St.

利物浦街站
LIVERPOOL STREET STN.

P111 St. John Bread & Wine

P58 史派特市集
Spitalfields Market

Brushfield St.

Verde & Co P81

星巴克

Commercial St.

Fournier St.

Heneage St.

N

Fashion St.

Brick Lane

0   100m

周邊圖請參照P17

4

利物浦街
LIVERPOOL STREET

Bishopsgate

Tesco (超級市場)

Angela Flanders Perfumer

史派特
SPITALFIELDS

Bell Ln.

Middlesex St.

Wentworth St.

20-21

22-23 24

18-19

25

A

B

地鐵路線圖

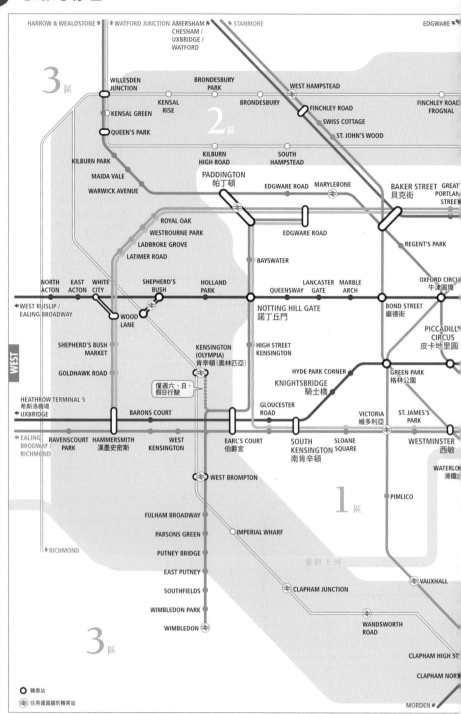

O 轉乘站

🚇 往英國國鐵的轉乘站

區域 Navi　地鐵的路線圖可以向車站的窗口索取。
　　　　至於搜尋前往目的地最短的路線，則以在本書P8介紹的倫敦交通局網站最為方便。

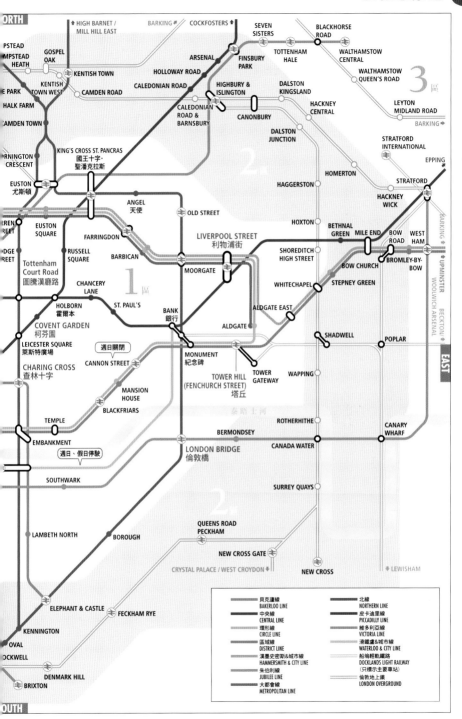

情境 簡單對話

Scene 1
在餐廳時

請給我菜單
May I have a menu, please?

比較推薦哪一道菜呢
What do you recommend ?

請給我靠窗的位子
I'd like a table by the window.

可以刷卡嗎
Do you accept credit cards ?

Scene 2
在商店時

可以試穿嗎
Can I try this on?

請給我這個
I'll take this.

請給我收據
Can I have a receipt, please?

請問多少錢
How much is it ?

我想退貨（換貨）
I'd like to return (exchange) this.

請給我退稅的申請表
May I have a tax refund cheque form ?

Scene 3
觀光時

請問計程車招呼站在哪裡
Where is the taxi stand?

請幫我叫計程車
Could you call a taxi for me?

請問最近的地鐵站在哪裡
Where is the nearest tube station?

請問這個地址要怎麼去
How can I get to this address ?

Scene 4
遇上困難時

（讓對方看著地圖）請在地圖上指給我看
Could you show me the way on this map?

請帶我去醫院
Could you take me to a hospital, please ?

我的錢包被偷了
My purse was stolen.

請幫我叫警察（救護車）
Please call the police (an ambulance).

度量衡 | 基本上採公尺制，視情況也會使用英制單位

○長度

1 英吋 (in.)	約2.5cm
1 碼 (yd.)	約90cm
1 英里 (mi.)	約1.6km

○容積

1 品脫 (pt.)	約568㎖

○面積

1 平方英呎 (sq.ft.)	約0.093m²

小費 | 為您整理出經常使用的金額♪

費用	小費+15%	費用	小費+15%
£5	£5.75	£50	£57.50
£10	£11.50	£60	£69.00
£15	£17.25	£70	£80.50
£20	£23.00	£80	£92.00
£25	£28.75	£90	£103.50
£30	£34.50	£100	£115.00
£35	£40.25	£150	£172.50
£40	£46.00	£200	£230.00

匯率

£1≒約48.74元

（2015年6月時）

請寫下來♪
兌換時的匯率

£1≒ [　　　] 元